U0754338

"凤投女王"徐新

专注才会比别人更优秀

刘志则 ◎ 著

台海出版社

图书在版编目（CIP）数据

"风投女王"徐新：专注才会比别人更优秀 / 刘志则著 . -- 北京：台海出版社，2019.5（2022.1 重印）
ISBN 978-7-5168-2362-0

Ⅰ . ①风… Ⅱ . ①刘… Ⅲ . ①徐新—传记 Ⅳ . ① K825.34

中国版本图书馆 CIP 数据核字（2019）第 091389 号

"风投女王"徐新：专注才会比别人更优秀

著　　者：刘志则	
出 版 人：蔡　旭	封面设计：张合涛
责任编辑：徐　玥	

出版发行：台海出版社

地　　址：北京市东城区景山东街 20 号　　　邮政编码：100009

电　　话：010-64041652（发行，邮购）

传　　真：010-84045799（总编室）

网　　址：www.taimeng.org.cn/thcbs/default.htm

E-m a i l：thcbs@126.com

经　　销：全国各地新华书店

印　　刷：环球东方（北京）印务有限公司

本书如有破损、缺页、装订错误，请与本社联系调换

开　　本：710 毫米 ×1000 毫米　　　1/16

字　　数：148 千字　　　　　　　　印　　张：14

版　　次：2019 年 7 月第 1 版　　　印　　次：2022 年 1 月第 3 次印刷

书　　号：ISBN 978-7-5168-2362-0

定　　价：48.00 元

前言

Preface

　　10 年前，她帮刘强东买了一张北京飞上海的机票，并在上海与他签订投资框架，投资京东1000 万美元；此后，京东一路狂奔，于 2014 年成功在纳斯达克上市。如今，京东的市值已经超过 500 亿美元，而她投资的这 1000 万美元也升值了约 160 倍。可以说，对刘强东事业帮助最大的女人，也许并不是"奶茶妹妹"，而是她——"风投女王"徐新！

　　她从中国银行普通营业员到普华永道的会计师，从霸菱投资的执行董事到今日资本的创始人；她被美国《商业周刊》评为"亚洲 25 位最具影响力的人"，被《投资与合作》评选为中国极具影响力的十大风险投资家之一，还登上了 2014 年福布斯中国最佳创投人榜单，被誉为"风投女王"。但她却说，她不是什么 VC 女王，之所以做投资还 OK，原因只有一个：将 3 万个小时都专注在同一件事上。她，就是中国优秀的风险投资家之一——徐新。

作为支持京东一步一步成为业界巨头的幕后投资者，徐新用独到的眼光和敏锐的判断，让多家曾经名不见经传的小企业一飞冲天，几位创业者还名列福布斯富豪榜之中。除京东外，永和豆浆、网易、中华英才网等都是在她的扶持下走向壮大的成功案例。

徐新曾说："我希望时刻生活在一种有进步、有创造的状态中。"而她的人生中，也不乏"进步"和"创造"：在山沟沟中以"逃课"闻名乡里的她，却在关键时刻一鸣惊人，做到了金榜题名；在中国银行的柜台前做着简单的"登记、复印、盖章"三步曲的她，却在短期内通过不断的努力，而得到了在香港普华永道工作的机会；靠自己的存款给中华英才网员工发工资，硬着头皮帮助网站撑过"互联网寒冬"的她，却在几年后成功创办属于自己的今日资本……

在徐新身上，企业家可以学到基业长青的要诀，创业者可以学到成功必备的激情、信念和智慧；在徐新身上，女性可以学到成就事业的坚定和勇气，男性可以学到缔造商业传奇的冷静和果敢。这本书真实还原了徐新与京东、网易、娃哈哈等企业的深厚渊源及投资现场，并从多角度剖析这个传奇女人成功背后的隐秘力量和精神魅力。"风投女王"徐新的成长历程，在此为您展现。

目 录
Contents

目 录

第四章

初涉管理：为中华英才打造"不败金身"

第五章

女王战绩：今日资本与京东的"天作之合"

目 录

第六章

相濡以沫：做"红娘"的丈夫和做"女王"的妻子

第七章

再创辉煌：投资就要放长线钓大鱼

第八章

面对未来：活下来的创业者都是好样的

后记

chapter 1

第一章

青青女王：
我是从小镇走出来的叛逆少女

01.
从西南小镇走出来的 VC 女王

　　2014 年 5 月 22 日，京东在纳斯达克正式上市，到当日收盘时，京东的市值达到了 286 亿美元，位居中国互联网企业第三名。作为这次上市极大的获利人之一，持有京东 7.8% 的股份的今日资本集团当天就净赚一百多亿元人民币，回报率高达一百五十多倍。

　　而这次上市，也让当初力主投资京东的今日资本掌门人徐新彻底打响了自己"风投女王"的名号，让人们纷纷对这位投资界的"巾帼英雄"

第一章

青青女王：我是从小镇走出来的叛逆少女

刮目相看。其实，早在投资京东之前，徐新就早已在投资界小有名气了。无论是在"互联网寒冬"中力挺网易，还是"快人一步"投资娃哈哈，都让她取得了巨大成功。人们十分好奇，在风投这个"阳盛阴衰"，大部分都是男性从业者的领域，为何会出现这样一位风风火火、精明干练的"女王"？

其实，从徐新的个性上，我们不难猜出她的籍贯——山城重庆。没错，徐新是个出生在重庆大足的风风火火的重庆妹子。在这座因大足石刻而举世闻名的小城中，由于时代原因，在山沟里隐藏着许多的军工厂。徐新就生长在其中一家军工厂。她常常这样介绍自己的身世："我出生的那个地方是一个工厂，一个军工厂。因为很大，所以又是半军工半民用的，主要生产汽车，像一个小社会一样。"

徐新就是在这个小社会中长大的，父母都是这个单位的职工。由于工作勤奋努力，在徐新还不懂事的时候，父亲就当上了那家半军工半民用汽车厂的厂长。对于母亲，徐新很少提及。不过，她的性格或许来自母亲的遗传，但她广博的见识更多地来自当厂长的父亲的教诲。徐新还有一个弟弟，一家四口人在山沟中的军工厂里生活得如意而自在。也许是因为工作繁忙，父母对她没有很多束缚，任凭她自由地成长。大足的山山水水，军工厂的里里外外，徐新就在这样的小天地中养成了自己自由自在的性格，并将它融入一生都流淌的血液中。

在回忆起大足县（现大足区）的童年生活时，徐新总是显得十分欢快："我觉得我童年都挺快乐的，跟小孩子漫山遍野地玩。什么捉迷藏啊，跳绳啊，拍糖纸啊……全玩那些很原始的儿童游戏。"

　　渐渐长大的徐新上了小学，学校里可以一起玩耍的小伙伴更多了。她，和她的同伴们，无忧无虑，天真烂漫，这种童真，在那个环境里得到了很好的呵护。这样的呵护，孕育了他们的自然天性。漫山遍野是什么？漫山遍野就是天性与野性的释放和自然生长的意蕴。那时还只有几岁的徐新，不可能有什么远大的理想，也没有体现出什么天赋的才能，她就是这么自然而然地成长着，听从生命的召唤。而她的父母也没有强求她什么，一切顺其自然就好；但她性格中十二分的努力、向前冲的猛劲儿，全都在这玩耍中孕育着萌芽。

　　上小学后，徐新虽然不能漫山遍野地玩，但每到放学，她就会和一群小伙伴一起跑出学校，在山间自由自在地玩耍。为了能"野"，逃课成了徐新的家常便饭，学习成绩自然也是直线下滑。她本来就是个倔脾气，只要自己想不明白，没有人能管得住她。她喜欢逃课，就常常逃，老师管不了，只能向家长告状，家长说服教育没效果，父亲就只能用上撒手锏——打。

　　正是由于逃课，老师对徐新的印象并不好，乖乖女的形象和她无缘，"逃课大王""上课说话""不停地吃东西"，当然还有很少发生在女孩子身上的挨打事件，对于徐新来说都是家常便饭。在老师的心目中，这是一个十足的"坏孩子"。但是不管家长多生气，老师对她多么无可奈何，她自己却玩得高兴，过得开心，过着随心所欲的童年。

　　徐新为自己有一个自然的童年而骄傲。她漫山遍野地跳绳、拍糖纸、捉迷藏……徐新玩的这些，对于如今终日泡在电脑面前的孩子们

第一章

青青女王：我是从小镇走出来的叛逆少女

来说，肯定是"无聊"的。甚至她本人能选择的话，后者也会更吸引年幼的她。但是这个自然而然的童年有多重要，每个成年人都知道，简简单单地玩耍，干干净净地快乐，是任何工具、任何人力都无法再现的。

02.
从"野孩子"到优等生的转变

　　由于特殊的大型国有企业的性质，重庆大足的这家军工厂处在一个可以漫山遍野玩的自然环境中，但大型国有企业的性质使得这个单位本身又像一个小社会。工厂中有一万多名来自各地的工人，就像一个浓缩的小社会一样。在这个"小社会"中，人们过着自给自足的生活，生产生活各项设施齐全，既有各种单位、部门、机关，也有解决职工子女教育的子弟学校，从小学到高中，各年级都有。但是，这种为了照顾忙于工作

第一章

青青女王：我是从小镇走出来的叛逆少女

无暇教育孩子的员工的学校，教育力量自然十分薄弱，只能解决一些基本的义务教育需求，对于徐新这样的"野孩子"，根本就无力去管教。

不过，整天只知道逃课的徐新，却有一手"抱佛脚"的绝活。"小学考初中，我拼命冲了一下，就考了一个第8名。"每次谈到这次成功的"抱佛脚"时，徐新总是显得乐不可支。

为什么一个第8名就能使徐新这么骄傲？这得从她那时候的子弟学校说起。由于只面对军工厂员工子弟招生，学校生源很少，一个年级只有四个班，一共只有200名学生。而且，当时这四个班还分了优劣，只有一班的学生被认为是最有希望考好学校的重点培养对象。其他三个班，二班、三班、四班，在老师眼里学习上就不是那么有出息，是一群被视为放弃学习的"乌合之众"。

徐新这样回忆这段往事："二班、三班、四班……已经大多都不读书了，学生在下面聊天的、谈恋爱的什么都有。老师后来写了一行字在黑板上，叫：乌合之众，然后就扬长而去，下面更乱了。"但是，就在这群"乌合之众"中学习的徐新，却一口气冲进了子弟中学的"一班"。每次谈起这次成功，徐新都感到十分兴奋。

不过，面对一班里的几十个苗子，徐新的成绩毫无优势可言，只能停留在中等水准。而成功"胜利大逃亡"的徐新，又开始玩上了。是积习难改，还是本性难移？反正，徐新的逃课生涯又重新开始，尤其面对不合胃口的化学课、物理课，转身就跑。

很快，短暂的初中时光就过去了，升学的选择和挑战再次降临在她的面前。在军工厂中，初中毕业的孩子一般有三种选择：一是去考高中，就有希望读大学；二是考中专；三是考技校。在那个年代，社会急缺掌握技术的中专技校人才，每个中专技校的毕业生，不仅上学能得到一份补贴，毕业后国家还会"包分配"。

对于并不算富裕的徐新家来说，补贴和"包分配"都是令人难以拒绝的诱惑。因此，在看到徐新的志愿表上填上了"高中"之后，徐新的妈妈还对徐新抱怨说："哎哟，你怎么填高中，你怎么不报技校啊？技校多好啊，每个月 16 块 5……"

而在徐新的老师和同学之中，对她的非议也远多于鼓励。一个成绩平平，还经常逃课的人，却妄想着"飞上枝头变凤凰"，真是不自量力。其实，对于这个大胆的选择，徐新自个儿也是懵懵懂懂。她并没有什么高尚的志愿和理想，驱动她做出这个选择的，只是因为她"不服气"。

但徐新的父亲却坚定地支持徐新的想法。他高兴而严肃地说："高中你还是去试吧。不过要好好读书，一定考上重点高中。要是考不上，就在咱们这儿读高中，大学肯定没戏。这儿每年升学率都是零。"为了支持徐新考高中，他不仅常常陪女儿聊天打气，还花重金为徐新请了家教。这在当时可算是一个轰动性的消息，厂子里的家长议论纷纷，都说老徐这次是来真的，重点高中势在必得。

徐新也感受到了来自家庭和邻里的压力。不管哪个玩伴儿来敲窗户，她都闷着头在家里写作业，做练习题，上课，再也没出去疯玩。

人们说这个"野孩子"真变了。这个以逃课闻名的"野孩子"，短短几个月间就变成了军工厂数一数二的"优等生"。功夫不负有心

第一章

青青女王：我是从小镇走出来的叛逆少女

人，几个月的恶补，再加上"关键时刻能冲上去"的禀赋，徐新一飞冲天，考上了重庆市的重点高中——南开中学。消息传来，整个军工厂都十分惊讶，都说厂长的女儿就是不一般。

03.
人生的分水岭从重庆南开开始

对于人生关键的高中生活，徐新这样评价道："就独立生活，就住校了。那时候很想家，我说也不想读了，但是我还是坚持下来了。那时候我觉得进入了正轨，所以学校还是挺重要的。"

作为一个从山沟沟中走出的小女孩，生活的巨大变化是徐新始料未及的。原来在厂里，徐新是那么逍遥自在，虽不说无人管教，那也是无拘无束。逃课、玩、聊天、上学，都随她的兴致。如今身在山重水隔的重庆市，远离了山山水水，

第一章

青青女王：我是从小镇走出来的叛逆少女

远离了父母朋友，一个人来到这个陌生的城市中。更主要的是，原来每天晚上，都有络绎不绝的人去她家找她父亲聊天，听大人们闲聊厂里大事的乐趣也消失得无影无踪。

由于生活变化得太快，从前野性子的徐新开始想家，心里满是委屈。她常常这样想：要是当初选择了技校，生活会不会变得更加丰富多彩？每月都有补贴，未来前途不愁，还有很多自己童年的玩伴。种种不适和变故，让徐新产生悔意。她向家里，向父亲吐露了这种心情。

但父亲却依旧沉着与乐观地面对着她。一次聊天中，父亲特地用徐新感兴趣的工厂管理打比方：想要提高工厂的效率，就要走和别人不一样的路。如果只想着走别人走过的路，是不可能有什么大出息的。最终，徐新在父亲的鼓励下，还是坚持了自己的选择。

在南开住校，离家那么远，生活全都自理，虽然说不上完全独立，但徐新开始尝试用从父亲那里听来的管理思维，全面设计自己的高中生活：学习、课外活动、交友、体育活动。很快，她就从对家乡的思念中走了出来，生活越来越光明。

其实，相比于同龄人，徐新已经是个"知识分子"了。她的那些儿时玩伴，大多都已经在考虑未来工作；而徐新不仅在重点中学读书，更是考虑着未来该报考哪一所大学。她十分热衷于和同学讨论各个城市、各所大学的特点，以至于每到课间，一些同学就会主动来到徐新身边，一起开"讨论会"讨论未来的目标。

当然，靠"讨论会"是上不了大学的，这一点徐新很清楚。聪颖的徐新自己发明了一套管理型自理式生活方式，让自己的生活和学习变得井井有条，使自己能在关键时刻将大部分精力投入学习中，而不至于为生活的事情分心。有一次，徐新的父亲来看她，亲眼看到女儿井井有条的学习生活，十分欣慰，当然临走前不忘说一些鞭策的话。

徐新见时机成熟，便将自己准备考大学的想法告诉父亲。父亲听后大喜，直夸她心有大志。父亲一直对徐新充满信心，虽然从小打她，也只是担心聪明的孩子太过分心。事实证明，只要她心里想学，很快就能学会，就能学好。现在，父亲看到她为自己的理想滔滔不绝，十分激动的样子，便立刻认识到了女儿心中到底有什么样的希望，而且这一希望并不算遥远。徐新已经高二，挑战同样巨大，现在需要的只是时间和付出。反复叮嘱要"好好学习"后，父亲才踏上回家的路。

在了解徐新将要考大学的想法后，曾经纠结于那 16 块 5 的母亲也坚定地站在了徐新一边。当初她只是对每月 16 块 5 的补贴眼热，现在孰重孰轻，她同样有判断。全家人都向着一个目标，全力支持徐新向大学的圣殿冲刺，只是这时候谁也不清楚她怎么考虑，到底要上哪所大学。悬念随着高考的临近，越来越让家人提心吊胆，母亲提出要陪陪孩子，却被父亲坚定地拒绝了，在关键时刻，要相信孩子自己可以一个人应付。于是，全家人静静等待高考成绩的揭晓。

功夫不负有心人。在历经了高中三年的努力后，徐新金榜题名，成功考上了南京大学外语系。在全家、全校、全厂的鼓励和赞美中，徐新满心欢喜地到南京上大学去了。虽然南京距离重庆有千里之遥，

第一章

青青女王：我是从小镇走出来的叛逆少女

但已经长大成人的徐新早已不再会因为更换环境而灰心或紧张，而是充满喜悦地向父母汇报："我学的是英文专业。我们那个大学挺好玩的。"

04.
父亲的助推让她"野鸡变凤凰"

在许多家庭中，女儿往往更喜欢和母亲亲近，喜欢和母亲聊天，甚至说悄悄话。但徐新这个总是上课说话的"野孩子"却和其他的女孩子都不一样。徐新不仅喜欢和父亲在一起聊天，聊的内容也与一般的女孩子的悄悄话大有不同。

在徐新成长的军工厂中，一万多名员工组成了一个"自给自足"的小社会。徐新开玩笑地形容说："谁家的儿子挨打了，第二天全厂都知道。"而徐新的父亲，由于本来就是普通工人出身，因此更能了解工厂。作为厂长的他，无论是生产效率、技术提高，还是职工分房子、子弟教育，都要亲自过问；而职工们无论大事小情，也都会直接找到厂长。每天下了班，一到晚上总有人到厂长家拜访，找厂长谈问题。所有这些全都不是省心的事，如果不是厂长，避之唯恐不及。

对于这些事情，徐新的母亲是一概不闻不问，只要有人来拜访，就尽量回避；可小小年纪的徐新却十分热衷于这些事情。晚上，当父亲厂里的职工来反映、谈问题的时候，徐新就坐在旁边听，特有兴趣的样子，从头听到尾。

对于这段经历，每个听过的人都会感到十分好奇。一个小姑娘怎么会对管理、技术、用人这些东西感兴趣呢？

徐新哈哈一笑，说："我也不知道，我就是挺有兴趣的，坐那儿听。他们一走，我就赶快问我爸，这个问题，那个问题，一大堆问题要问。我和我爸经常聊天，说来说去就是生意。这么看，我确实从小就对生意比较有兴趣，有时候我妈妈都回去睡觉了，我们俩还在那儿聊呢。"

而来访的人见她只是个小姑娘，因此很多问题也没有避讳她，总是直来直去地聊，没有人注意到，身边有一个小姑娘正在用心思考着这些让大人们都头痛的问题。

父亲和职工们聊的时候，坐在一旁的徐新总要插进来发问。小姑娘对工厂里各种问题表现出的浓厚兴趣，归根结底，是对人好奇。

为什么工厂里的一万多人，每天都会有这么多的问题？为什么平时有说有笑的人们，晚上却像变了个人似的？还有工资的问题、房子的问题、上学的问题……

说来说去，徐新发现在这背后有一个关键词：管理。怎么去管理工厂，怎样用人，谁擅长干什么，谁的特点是什么，谁可靠，谁有能耐，等等。

打小就是"孩子王"的徐新觉得，管理着一万多人的父亲，和自己可能也有相近的地方。

听久了，徐新也在慢慢观察、琢磨，对自己发现的问题进行深入思考。等她再和父亲商讨时，话题的内容就全是关于生产、销售、规模等生意上的问题了。

在这些零零散散的"旁听课"中，徐新接触了一个企业如何经营、一个公司如何管理的许多知识。人们都说，徐新是个"逃课大王"；可事实上，在经营管理这门"旁听课"上，徐新却比谁都积极而认真。

徐新常常和父亲探讨"公司"的话题。什么是公司？公司和工厂有什么不同？怎样经营一家公司？一家优秀的公司需要具备什么因素，等等。

而父亲也没有想太多，他只是出于对女儿的关爱，将自己所了解到的知识毫无保留地教给女儿。一万多人的重担全都压在他的肩上，而自己的女儿却愿意主动帮他分忧，虽说不能解决问题，但也能让他

第一章

青青女王：我是从小镇走出来的叛逆少女

心中感到一丝欣慰。

　　而对于徐新，这些问题看似"不务正业"，实际却在她幼小的心中种下了一颗企业管理的种子，并最终成长为一棵参天大树。

chapter 2

第二章

10 年职场：

我与创投世界的难解之情缘

01.
从中国银行的柜员到三八红旗手

随着改革开放的大潮来临，金融行业也迎来了新的时代。但对于过着"挺好玩的"的大学生活的徐新来说，大潮对她的影响还仅限于让她的生活更"好玩"。其实，随着社会环境越来越宽松，时代正在为她，以及千千万万个像她这样的潜在人才铺设道路。

很快，徐新从南京大学毕业了。在那个大学毕业生还是天之骄子的时代，徐新毕业后很顺利地找到了工作，成了中国银行的一名普通职员。

第二章

10年职场：我与创投世界的难解之情缘

在那时，银行职员可谓是一个令人垂涎的美差，是所谓的"铁饭碗"。而且，在改革开放的大潮中，银行正处在风口浪尖，机会可以说处处都是。

刚开始，徐新每天的主要工作就是三件事，在柜台复印、登记、盖章，做办理存折、托收支票一类的简单工作。这些工作对于徐新来说，虽说轻松，却也无聊。有些人在得到这样的"铁饭碗"，拿着衣食无忧的工资之后，往往是无所事事，想办法消磨这得过且过的日子。

但面对简单、轻松、缺乏挑战性的工作，争强好胜的徐新并没有因此失去热情和目标。她还是尽心尽力，努力做到最好。那时徐新的目标是当先进，当科长。她上进心很强，一心只想做好，并且做到最好。她从不迟到和早退，总是尽心尽力地完成领导交代的任务；而且，她还当上了银行里的团支书，积极努力地完成英语竞赛等业余活动，带领大家热情地完成工作。

为何在抱着"铁饭碗"的情况下，她还是如此努力？对此，徐新这样描述："每天特别认真地工作，能出彩的地方，我都出彩了，银行知识大奖赛拿个第一啊，当个三八红旗手啊，当个团支部书记啊，这样干了三年后，我感觉荣誉已经都有了，可我却没有在进步，对这种状态很不满意，那时我每天骑车上班经过右安门立交桥，那个桥修了很久，我就在心里暗暗发誓，在桥修好之前，我的生活一定要有变化。"

在徐新的努力下，不仅个人生活变得丰富多彩，而且也带活了单位的工作氛围。短短一年时间，她就被评为单位里的三八红旗手。当时她单位三千多职工，每年才有三位三八红旗手，这千分之一的优秀概率，徐新作为初涉工作、初涉岗位的年轻人，若不是她的表现优秀、能力突出，这样的机会也不可能降临到她的头上。

作为一名短短一年时间就有突出表现的新人，不仅徐新自己感到自豪，领导和单位也十分高兴。他们认为，这样的年轻人值得更好地培养。

很快，机会就降临到了徐新的面前。

02.

普华永道，人生最重要的跳跃

　　徐新是一个活泼而敏感的人。在她的风投生涯里，帮助她多次取得成功的，是她特有的"杀手般的直觉"。在这种直觉的引导下，徐新总是能将人生中出现的重大机遇敏锐而成功地把握住。

　　1992 年后，改革开放的步伐进一步加快，20 世纪 90 年代初的中国市场复苏和兴旺已经是大势所趋。在这种大潮中，金融行业作为市场经济最活跃的组成部分，更加迫切地需要进一步和国际接轨。由于我国国情特殊，财务制度与国际有很大不同，不能直接聘用国外的财务专业人才。因此，培养一批拥有国际水准的中国财务专业人才就成了中国金融行业最需要解决的问题。

为了解决财务专业人员的巨大需求，1992年，中英两国政府签订协议，决定以联合培养一批注册会计师的方式，为我国培养先进的财经人才。准备工作从国内的金融圈中开始，选拔一批优秀的年轻人去参加英国注册会计师考试，是整件事情的重中之重。作为年轻员工中的佼佼者，徐新也顺理成章地得到了这次考试的机会。

徐新后来这样回忆那段改变命运的往事："我们（中国银行）营业部和会计是分开的，本来这件事情和我们没什么关系。但是我们（营业部）主任不同意，说这样的好事儿，怎么能不考虑我们这么大一个部门呢？所以后来争取到一个名额。给谁呢？主任说把学习的机会让给年轻人，而我是当时三八红旗手当中最小的一个，于是轮到了我的头上。"

机会只有一次，徐新能否把握住？毕竟，从接到通知到参加考试，只有短短的两个星期。一向善于考试冲刺的徐新，这次又重拾好多年没有用过的"背功"，开始昏天黑地地背诵会计书。作为外语系的毕业生，徐新在会计方面是十足的"门外汉"，但天资聪颖的她却通过自己的努力，通过了会计专业课的筛选，以第二名的身份拿到资格，进入到第二轮的考试中。

复试在南京黄埔饭店进行。徐新和来自其他几家国有银行和一些财经专业的大学生共同接受来自六大国际会计师事务所的高手出题测试。这一轮测试成为他们去往香港实习的最后一道围墙。如果顺利通过，去中国香港、去普华永道、成为正式的英国注册会计师等梦想都将成为现实。

很快，复试就结束了。试题也很简单，每个人只需按照抽到的题目进行一个十几分钟的英语演讲，然后回答几个专业的问题即可。但是，等待的时间却是如此漫长而令人心急。为了排解等待时的焦躁，徐新走到了对面的餐厅吃午饭，可是在这家餐厅中，徐新却不知道面对从没有吃过的自助餐怎么取餐。

经过了一个漫长的下午，徐新终于等到了结果：她成了为数不多的通过考试的幸运儿之一。徐新激动得差点哭了出来——一个多月前，自己甚至还不知道本单位的会计除了每天数钱和看账本还要做什么，如今自己却成了鼎鼎大名的普华永道的实习生。后来，徐新在回忆起这段经历时，十分谦虚地将自己被选中归功于自己的英语："是因为我英语好。他们业务虽然非常棒，但是他们的英语不好，连题目都看不懂，根本没办法答题，和考官交流。我只是把课本上的内容搬到考场就行了。"

从山沟沟到中国银行，再从中国银行到普华永道，徐新完成了许多人根本不敢想象的"三级跳"。命运女神的垂青，三八红旗手的拼命精神，南京大学外语专业的高素质，川妹子的泼辣性格……种种复合在她身上的特质，不可复制的徐新式排列组合，让徐新上路了。

03.
踏入资本圈，H 股崭露头角

来到普华永道实习的徐新，面对着香港这个花花世界，甚至感到有些不知所措。维多利亚港湾、太平山夜景、购物天堂，还有工作时的身份——"刚开始别人都以为我是高干子弟，我说我不是，根本没有人相信。他们都说，不是高干子弟，怎么可能？这种误会是因为 20 世纪 90 年代初，能在香港普华永道实习，是一件很困难的事情。"

但很快，这种感觉就消散了。对于徐新这个

重庆姑娘来说，香港人说的粤语实在是难以理解；可作为一名审计实习生，如果不迅速融入本地人，工作根本无法开展。不掌握粤语这门"工作语言"，她的工作根本就无法展开。

那就学粤语！逢山开路，遇水搭桥的徐新，开始学习粤语，每天嘴里都是各种词汇。仅仅三个月，她就能熟练地和本地人用粤语对话了。当客户们发现这个小丫头一眨眼的工夫就能熟练地讲广东话，十分吃惊。因为很多外地人即使在广东工作很多年，还是对粤语听得半懂不懂，张口说更是不可能。

徐新后来在接受采访时，这样描述这三个月的艰难经历："我们的工作是客人点谁就是谁，我和另外一个内地来的女孩子因为不会粤语，没人点。一开始我们还很高兴，没人点正好可以看书学习，但时间一长，发现不行。我们来这儿又不是来看书的。经过仔细观察，我们发现有一小拨儿日本客户没人做。他们的业务又小，又挑剔，没人愿意做。我一想，正好可以和他们用英语谈。于是，我们的实习就从这里真正开始了。"

在语言之外，工作和学习方面的压力也是常人所不能想象的。"刚到那边对粤语还不熟悉，每天晚上干到十一二点。晚上又要准备 18 门的 CPA（注册会计师）考试，异常辛苦。周末又要忙考试，生活陌生、枯燥，世界小得只剩下工作和考试。"

毕竟，这里是普华永道，是世界上顶级的几家会计师事务所之一。而徐新所获得的实习机会，更是要经过多次考试审核才能获得。每天，徐新都要和无数枯燥的数字打交道，她要做的，不仅是准确地记录这些数字，关键还要培养出注册会计师对于数字的那种独特敏感。比如，面对 48，695，825.47 这个数字，对于一般人来说，只要将它如实地记录下来就可以了；而对于注册会计师来说，只有能够在第一时间就将其简化为"四千九百万"，才有可能成为真正合格的审计员。

有一位曾在普华永道实习的女孩在网上这样讲述自己"地狱般"的实习经历：无论是普通员工还是经理，工作都十分努力。每天，不仅他们要加班到凌晨，经理也要加班到凌晨，而且即使加班，工作也不一定能全部完成。但他们从来不敢放松，因为他们知道，如果稍有不努力，自己就有可能被他人取代。即使熬成了经理，工作也没有放松的可能。这位女孩抱怨说，这一行没什么前途，即使你是经理，你也一样累。

更令徐新愤愤不平的是，由于中国那时刚刚改革开放，还没有培养出多少优秀审计人才；"中国人"的标签，也让徐新受到了不少不公正的对待。客户一看她是"中国人"，就不愿意用她，这让她只能为那些没人愿意应付的日本客户服务；至于投资等核心业务，徐新更是没有参与的可能。

但在 1993 年，改革开放的大潮再次为徐新带来了新的机会，让她得以介入公司的主流业务。这一年的 7 月，青岛啤酒在香港联交所挂牌上市，这标志着中国内地的企业迈出了境外上市的第一步。此后，H 股开始了缓慢而高调的发展。在 1997 年，随着香港回归祖国的怀抱，H 股指数达到了巅峰。当然，在这巅峰的背后，是国

家经济改革的步履维艰，以青岛啤酒为例，首个 H 股公司风光的
背后是股权改革先驱者的探索和艰辛，在香港成功上市不久，就又
在 A 股上市。但很快，控股的青岛国资委就发现股权问题依旧没有
得到很好的解决，不得不暂时停牌，进行整改。不过，改革的大趋
势已经无可阻挡，在青岛啤酒之后，又有数十家公司在 H 股成功
上市。

　　而作为普华永道为数不多的内地人，徐新也得到了公司的重用，
她从一个实习会计师摇身一变，成了针对 H 股国企的总协调人。她说：
"中国人的发展，还是靠我们祖国。H 股的推出一下子使得我们如鱼
得水，我们的语言占优势，我被聘请为总协调人，可以参与重大谈判，
后来的进步就很快了。"她的工作内容也一下子多了起来：每天，她
都要不停地查看企业的财务状况，核对报表，发现问题，进行收购以
及兼并的财务调研。当然，日子也比一开始忙多了，一天只能睡几个
小时成了家常便饭。

　　在普华永道工作三年后，徐新通过了 CPA 的 18 门专业课考试，
成为正式的注册会计师，实习工作圆满结束。这三年中，她从财务角
度切入企业的核心，生意模式、利润滚动、经营风险等量化指标成了
她打量一个企业的习惯性视角。不过，由于她的身份仍然只是一个会
计师，她最后能完成的成果，也不过是一份审计报告而已。对于雄心
勃勃的徐新来说，这根本就无法令她满足。

　　于是在实习期满后，徐新与上司进行了沟通，而她的上司则推荐
她去百富勤公司直接投资部面试。工作干练又富有激情的她，在面试

过程中给面试官留下了深刻的印象。面试结束后仅仅几个小时，百富勤就直接发出了录用通知。此后，徐新正式开始了她的直接投资生涯，按她自己的话说，从此一挥手，她开的就是千万美元的支票。

04.
风暴来袭，香港金融阴云笼罩

20 世纪末，随着国际经济、政治形式的变化，大量资本流入正在蓬勃发展的东亚、南亚各地。一方面，这些资本为这些国家和地区带来了高达 8% ~ 12% 的 GDP 高速增长；另一方面，实体经济的发展速度却远不及 GDP 的增长速度。飞速膨胀的泡沫经济，正在逐渐威胁着这些国家和地区的金融安全。

可是，这些国家和地区却完全没有意识到泡沫带来的危险性，没有及时地做出合理应对。结果在 1997 年，国际金融大鳄索罗斯和他旗下的量子基金发动了一场针对泰铢的大量卖空活动。很快，泰铢就在索罗斯的攻击下急速贬值，仅在 7 月 2 日当天，泰铢兑美元汇率就骤降了 17%。此后，索罗斯和其他国际炒家又开始了针对其他国家的卖空活动。在他们的攻击下，马来西亚、印度尼西亚等国相继受到冲击，货币也迅速缩水。

1997 年 10 月，量子基金开始了对亚洲金融中心香港的进攻。在三波攻击中，香港恒生指数大跌至 9000 点以下，但在中国政府的全力支持和刚刚成立几个月的香港特区政府的有力回击下，港币并没有出现大幅贬值，恒生指数也重新登上万点大关。

国际炒家妄图使香港变为"超级提款机"的计划很快就被香港特区政府挫败，这令他们损失惨重，不得不停止了对港币的攻击。但在第二年的 8 月，量子基金再一次发动了进攻，迫使香港特区政府大幅提高利息率，隔夜拆借利率更是上涨到了 300% 的惊人水平。

在普华永道历练三年的徐新，凭借着对数字的敏锐感觉，很快便察觉到汇率波动的异常。她感觉，风暴即将来临。果不其然，随着攻击的再一次展开，公司内部人心惶惶，工作餐时间的讨论话题也从服饰、珠宝、明星，全部切换到风暴的来临上。

为了应对这次攻击，香港特区政府再一次出手，动用外汇储备全力承接港币沽盘。最终，国际炒家在损失数百亿美元后，不得不撤出香港。可是，徐新所在的百富勤，却由于投资失误，在风暴之中轰然倒下了。

百富勤在创立之初，可谓是香港最优秀的投资银行：1988 年创立之初，就有李嘉诚、胡应湘等大亨鼎力相助；创立者梁伯韬先生个人有"红筹之父"的美誉，推动内地国企 A 股上市，社会影响力极大，1996 年为北京控股安排上市，更是获得一千二百多倍的超额认购；人们纷纷惊呼，百富勤不仅是最为成功的港资投资银行，更是唯一一家能与华尔街金融巨头们一决雌雄的港资投资银行。

在徐新加入百富勤时，百富勤正处在最风光的日子中。无论是在中国香港还是东南亚各国的投资，都让百富勤赚得盆满钵满。但是，在风光的背后，危机却在一点一点地发酵着。随着印度尼西亚被索罗斯"攻陷"，百富勤在印度尼西亚的投资一下子便为其带来了 10 亿美元的账面损失，资金缺口更是高达 100 亿港币。百富勤高层四处奔走，才在 1997 年 11 月和瑞士苏黎世集团达成了入股协议，暂时缓解了资金困境。

没想到，金融风暴席卷中国香港、中国台湾之后，迅速刮到韩国、日本，拿下这两个巨头。整个东亚沦陷，金融风暴成为金融界谈之色变的洪水猛兽。"亚洲经济将全面崩溃"的谣言越传越盛，苏黎世集团脸色大变，决定弃卒保帅，取消入股协议。这根最重要的"救命稻草"消失后，百富勤也只能无奈接受倒台的命运。

1998 年，百富勤被强行清盘，宣告破产。而徐新则带着在百富勤的业绩，加入了霸菱投资。

05.
成为霸菱合伙人，初涉 IT 行业

在亚洲金融危机尚未结束时，刚刚加入霸菱投资的徐新便开始了她作为"救火队员"的工作。此时的徐新，刚刚加入霸菱投资（香港）有限公司，不仅工作还没展开，根基是否牢固都是问题，不断恶化的金融环境让她周围危机四伏。

而且，出于对亚洲整体形势的担忧，霸菱投资只给了徐新 2500 万美元。东家不出钱，剩下的钱就只能靠徐新自己去筹集。但是，面对金融危机，人们躲闪尚嫌太慢，又怎么会愿意拿出钱来，加入很可能血本无归的风投基金？面对这一情况，徐新采取了另类策略：她和另一位管理人花了些力气，将这笔资金扩充到 5000 万美元，然后就停止了筹款，开始用这笔并不充裕的资金进行投资。

现在来看，徐新在普华永道三年的实习经历为她摆脱困境提供了巨大的帮助。当初，她在普华永道从无人问津到被委以重任；现在，她又通过经验和人际克服自己资金上的困难。而且，向来直觉敏锐的徐新早就意识到，金融危机虽然令她在资金募集方面遇到了很多困难，但有很多公司也在这次风暴中股价大跌，以往高高在上的跨国大公司现在也只需要花费不多的资金就可以介入。比如，第一家在香港上市的青岛啤酒，也受到了这次金融危机的影响，公司不得不进行大量回购以维持股价水平。这就意味着，这次金融危机能为她带来一次千载难逢的好机会，只要能够做出正确选择，现在的黑暗很快就能迎接到光明的来临。

于是，徐新开始以香港为圆心，对整个东南亚、南亚、东亚市场进行扫描、分析，选择合适的投资项目。这时，一位在印度进行基金管理的同事传来消息，向徐新推荐了一个软件外包公司的项目。敏锐的徐新立刻判断出，这是一个不可错过的优秀商机。

在那时，IT 行业还只是一个刚刚起步的新兴行业。虽然它业务稳定、利润高，受金融危机影响较小，但在风声正紧的金融危机时代，很多投资者都不敢轻易向一个大部分人都不熟悉的行业出手。徐新却觉得，自己发现了一片新天地。她发现，IT 行业的外包公司属于劳动密集型企业，有大批具备一定技术含量的工作人员，是它最大的特点。与之相应，外包公司的成本低，毛利率高，业务较少波动。从行业定位上来看，IT 外包属于高科技领域，可以分到这个行业的高利润，并因其劳动密集型的行业特点，亚洲又具备自身的优势。而这些公司又能与受金融危机波及较小的欧美公司直接对接，收入多为汇率稳定的美元等货币，这样的机会，实在是不能错过。1998年的时候，欧美各国互联网公司正在攻克即将到来的"千年虫"问题，与美国硅谷有着紧密联系的印度，全力攻克外围，把外包的活揽了下来。

徐新经过调查，又发现印度作为南亚大国，在 IT 专业人才方面具有很大的优势，在全世界都具有不错的竞争力，许多位于硅谷的美国 IT 巨头都愿意雇用印度工程师。而这次投资的公司，即使是在金融危机的阴云下也能做得红红火火，很多美国大公司都是他们的主顾，欧洲的一些国家也开始与他们展开合作。

在经过了缜密的分析后，徐新毅然与那位同事合作，向这家公司注入资金，控制了公司 55% 的股权，实现了绝对控股。三年后，公司越做越大，而徐新的投资也足足翻了 6 倍。

除投资印度之外，徐新还投资了香港的电脑服务供应商之一中联系统。中联系统深受资金短缺困扰，而多家银行准备撤资的消息更是令中联雪上加霜。如果不能及时解决困境，中联就只能破产清算。富有激情的徐新不仅及时向中联投资 350 万美元，更与中联的高管一同游说各家银行。最终，在徐新的努力下，银行纷纷决定不再撤资，中联也得以顺利度过金融危机。在这次投资中，徐新投入的 350 万美元在两年后便翻了 10 倍，达到 3500 万美元。

这两次投资，不仅为徐新的风投之路打下了坚实的基础，更重要的是，徐新在这次投资中，对 IT 行业有了丰富的了解，影响十分深远。

chapter 3

第三章

女王崛起：
不只是"捧红网易的女人"

01.
娃哈哈：一场灾难带来的商机

　　早在 1994 年，徐新就已经将目光放在了正处于经济改革之中的中国内地。

　　那一年，就在徐新尚在普华永道实习的时候，中国淮河流域爆发了一场严重的水污染事件。1994 年 7 月，由于淮河上游突降暴雨，颍上水库被迫泄洪，将积蓄了好几个月的 2 亿立方米蓄水放了下来。可是，就在水库开闸放水后，淮河水质开始急剧恶化，水经之处河水泛浊，河面上泡沫密布，鱼虾顿时丧生。下游一些地方居民饮用了虽经自来水厂处理，但未能达到饮用标准的河水后，出现恶心、腹泻、呕吐等症状。淮河沿岸的自来水厂被迫紧急停止供水，百万淮河民众饮水告急，不得不高价抢购其他地区的饮用水。这就是震惊中外的"淮河水污染事件"。

对于百万淮河民众来说，这次事件是一次灾难；但对于优秀的商人来说，这次灾难，也为他们带来了商机。这位优秀的商人，就是娃哈哈董事长、2012 年度中国首富宗庆后。

当时，"娃哈哈"这块牌子才刚刚创办不久，其招牌产品"娃哈哈"果奶刚刚开始风行全国。但极具危机意识的宗庆后判断，只凭一瓶小小的果奶，"娃哈哈"走不远。及时扩大规模，让公司越做越大，"娃哈哈"才能生存得更好。在淮河水污染事件发生后，宗庆后毅然决定，开发当时尚没有多少国人关注的纯净水市场。在随后的美国商业考察中，他发现一种本为航天员开发的"太空水"十分适合国内市场。他巨资引进先进的研发技术与水设备，努力开发瓶装纯净水。

而在纯净水产品的品牌问题上，宗庆后也力排众议，决定让纯净水继续使用"娃哈哈"这块已经打响的牌子。他说："对我们来说，集中资源塑造一个大品牌，这个品牌的高知名度、美誉度，消费者的信赖感、安全感的建立就能够带动一系列产品的畅销。"

在宗庆后"集中资源塑造大品牌"的思想下，"娃哈哈"从一个面向儿童的品牌，摇身一变，成了年轻、活力、时尚的代名词。"我的眼里只有你""爱你等于爱自己"，品牌认同迅速在年轻人心中得以确立。品牌延续之路走通了。

在徐新看来，宗庆后绝对是一个值得信任、值得投资的人，他的商业眼光决定了他的企业绝对可以成功。在后来的采访中，徐新说："中国现在最令我们激动的是中产阶级的形成，他们有了钱就要消费，你跟着他走就可以了。1995年的时候我在百富勤投娃哈哈，那个时候没有人喝瓶装水，但现在瓶装水到处都是。"

于是，徐新马上出手，为娃哈哈找来了法国食品巨头达能。经过一番讨价还价，娃哈哈和法国饮料巨头达能达成合资意向，由娃哈哈母公司与娃哈哈美食城以现有厂房、设备、土地的形式出资，百富勤、达能则以现金投资组建五家合资子公司。他们分别是杭州娃哈哈百立食品有限公司、杭州娃哈哈保健食品有限公司、杭州娃哈哈食品有限公司、杭州娃哈哈饮料有限公司和杭州娃哈哈速冻食品有限公司。

在徐新的努力下，宗庆后获得了4500万美元的"巨款"。面对这笔投资，宗庆后也是毫不含糊：不仅一次性购买了三条生产线，还将剩余的资金全部投入纯净水的市场宣传上去。产品还没出来，钱就先花光了，这让很多人都吓了一跳，也替徐新捏一把汗。他们纷纷劝宗庆后要"悠着点"。

但是，无论是宗庆后还是徐新，都不可能满足于"悠着点"的经营。很快，娃哈哈就上升到中国饮料行业"龙头老大"的地位，而宗庆后也登上了中国首富的宝座。虽然后来，达能与娃哈哈的关系破裂，但无论是百富勤还是达能，都从中收获了巨额回报；而娃哈哈，更是成为整个食品行业的巨头。

02.

非常可乐：农村包围城市

随着中国市场的逐渐开放，许多跨国企业都开始将目光投在了中国大地上。对于这些巨头们来说，中国这块广阔而又极具发展潜力的市场，不亚于一座未曾开发的金矿。谁先出手，谁就能获取巨大的利益。

那么，对于刚刚起步的中国企业来说，他们该怎么竞争？

徐新说，绝对有可能

宗庆后说，让我来做。

商业直觉，是优秀企业家的必备素质；而找到有商业直觉的企业家，更是一个优秀投资人的必备素质。因为一个优秀的企业家，不会停下他扩张的脚步。在娃哈哈以两位数的利润回报投资者的背后，是从果奶到纯净水，再到非常可乐的足迹。不断的成功，才能带来丰厚的回报。

如果说娃哈哈纯净水的成功上市，是面对灾难时的职业敏感成就了它，那么非常可乐的诞生和成长，就是在"死地"中求生，杀出一条血路。

回望这次成功，徐新对宗庆后赞不绝口，同时眉宇间也有掩饰不住的得意之色。对于娃哈哈的策略，徐新总结了两条经验：渠道打造品牌和"农村包围城市"的营销策略。"以娃哈哈为例，当年推出非常可乐，国内的大中城市已经被可口可乐、百事可乐这些国际品牌占领。于是，娃哈哈从三四线城市开始卖非常可乐。现在农村很多人知道非常可乐，不知道可口可乐，因为非常可乐进去得早，而且渠道非常通畅，网点铺到对手铺不到，或者铺过去也贵得要命农民买不起的地方。现在很多国外的瓶装水根本打不过娃哈哈，因为它第一个进入市场，已经占据了相当份额。"

1998 年，中国长江流域爆发了一场特大洪水，纯净水市场扩大但竞争异常激烈，娃哈哈纯净水的业绩随着王力宏的歌声一路飙升。但是，娃哈哈赖以成名的果奶产品却逐渐萎缩，这让娃哈哈本年计划增幅达到 1996 年 10 倍的销售目标难以达到。

只有出奇招，才能从不可能中创造出可能。宗庆后脑中盘旋着整个中国饮料市场的格局。当时，可口可乐和百事可乐占据了中国市场的半壁江山。这两家历史悠久的饮料巨头不仅在全球饮料行业中占据绝对优势，进入中国市场也有 20 年的时间。

大卫如何战胜巨人歌利亚？娃哈哈如何在两大巨头的半壁江山中杀出一条血路？

宗庆后不信邪，广泛接触全国各地的经销人员，调研分析。终于，宗庆后发现在市场操作上，两大巨头都有三大缺陷：第一，可口可乐和百事可乐同样仰仗于成熟的营销策略，也就是二者同质性很强，一荣俱荣，一损俱损，决策主要依赖成熟市场的数据模型分析，缺乏灵活性，中国市场的针对性不强；第二，对农村市场完全没有意愿进行开发，因为农村利润较低，追逐高利润的最直接后果就是放弃广阔的农村市场，进入中国 20 年只在城市打转；另外，随着市场的稳固，这两个巨头逐步转向大城市终端的深度分销，让经销商的利润空间逐渐缩小，使得经销队伍缺乏凝聚力。

看到农村希望的田野，宗庆后决定跃马驰骋。

首先，宗庆后一举推出"非常系列"，低价撞开农村市场大门；接着，他以出让利润空间，让经销商获得更多利润的方式，让"非常可乐"能够很快摆上经销商柜台；此外，最重要的是，农村人一想到可乐，就是"非常"；最后，娃哈哈这个品牌在几乎没有对手的情况下占据了广阔的市场。

徐新对这种出其不意的策略赞不绝口："我们当时投宗庆后的时候，娃哈哈还是做果奶的，后来拿到我们的钱以后，娃哈哈的收入每年翻一番，到 2003 年已经有 13 亿美元的销售收入，已经是超过 10 亿美元的大公司了。宗庆后当时做水，是从城市包围农村，然后做非常可乐，因为已经有可口可乐和百事可乐了，他从农村开始。在老百姓还搞不清楚什么叫可口可乐的时候，已经知道非常可乐了。可口可乐的人非常担心，打电话问我，说你们这个娃哈哈怎么这么厉害啊，公司不是已经卖给外商了吗，怎么还叫中国人自己的可乐。老百姓哪里搞得清楚那么多事啊，他们知道中国有个娃哈哈这个品牌，但是股东的事并不清楚。"

非常可乐在两大巨头的包围下成功突围了。2002 年娃哈哈"非常系列"碳酸饮料产销量猛增到 62 万吨，占据全国碳酸饮料市场 12％的份额，直逼百事可乐在中国的 100 万吨份额。2003 年，非常可乐形成系列，一举推出"非常柠檬""非常甜橙"等产品，与可口可乐和百事可乐旗下的"雪碧""芬达""七喜"和"美年达"形成全面抗衡。在此之后，娃哈哈集团又继续采取品牌联合的方式，连续推出了"娃哈哈·非常茶饮料""娃哈哈·激活运动饮料"等新系列饮料。

"农村包围城市"的经验成功了。中国的希望在农村，中国的未来在农村。这个基本国情外国企业家难以理解，或者说能认识到，但难以把握到。"相信本土企业家"，徐新的这句口头禅不是空穴来风。

03.
永和大王：中产阶级的"星星之火"

投资娃哈哈的成功的确是徐新善用中产阶级的一大例证，而她在自认为可以大有所为的中产市场，并非仅仅留下娃哈哈这一个脚印。经营着中国人传统口味的永和大王，也在徐新的投资下进入了中产市场。

那时，徐新刚刚来到霸菱不久。早就看中了广阔的餐饮市场的她，一直苦于没有合适的投资目标。就在这时，一条"李嘉诚投资永和大王"的新闻引起了她的注意。

号称"中国的肯德基"的永和大王很早就打响了自己的品牌。但是多年经营下来，永和大王不仅没有盈利，反而连年亏损。更令人奇怪的是，作为一家夸下海口结果"稳赔不赚"的企业，却能吸引李嘉诚来投资。徐新敏锐的直觉告诉她：这家企业一定有什么特殊的地方。

徐新常说："风险投资，首先投的是行业。"而随着中产阶级迅速发展壮大，快餐业也被时代推到了风口浪尖上。随着工业化深入到亚洲各国，传统上以欧美为主的快餐业格局必然发生转变，以味美名闻天下的中餐是最有效的突破口。但是，中餐快餐业在国外的发展却远早于中国，比如美国的"熊猫"快餐、东南亚的"超群"快餐，都是门店遍布多个国家的著名快餐企业。在中餐发源地——中国，却没有一家能够打响自己名号的中式快餐，以至于要靠旅居国外的华人华侨来振兴中餐文化，这难道不奇怪吗？

事实上，也有很多具有敏锐眼光的商人看到了中式快餐这块拥有巨大潜力的市场，荣华鸡、红高粱就是其中的佼佼者。但在经过数年的艰苦创业后，这些品牌也纷纷倒下，只有永和大王等少数几家企业坚持着运营。

对于永和大王，徐新进行了相当详细的调研，一做就是九个月。她看中了永和大王和它背后的中式快餐市场，却也顾忌永和大王连年亏损，即使李嘉诚投资也没能在短期内扭亏为盈的事实。

但在经过长期调查后，她发现，永和大王一开始并不赔钱，这是它具有很强生命力的表现，也是两年之后李嘉诚基金找上门来的原因。

第三章

女王崛起：不只是"捧红网易的女人"

1995 年，永和大王在上海开出第一家店铺。做中国的肯德基不仅是他们的口号，门面设计同样酷似肯德基。但与肯德基这类"洋快餐"不同，永和大王的主打食品是中国特色食品：豆浆、油条。由于是本土食品，认同感强，永和大王初战告捷，两年内就新开 8 家店，利润如同雪球一般在滚大。

1997 年，李嘉诚在考察了永和大王后，决定投资 200 万美元，持股 1/3。在李嘉诚的支持下，永和大王的扩张十分迅速，分店遍布各地。但就在这时，永和大王却开始赔钱了。各项支出水涨船高，单店日均收入锐减，从 1.2 万元人民币降到 8000 元人民币，亏损从此常相伴。店员的工资还能勉强发出，但股东的收益就明显没有得到保证。一些投资人也抱怨，在扩张开始后，他们几年之间都没能拿到一分钱分红。

徐新在考察了业内类似的连锁店后，也渐渐了解到了永和大王亏损的原因。原来，连锁店盈利靠的是规模，规模不够，是根本不可能赚钱的。日本著名的连锁便利店 7-Eleven 开了 500 家才开始盈利；肯德基在一个区域如果开不到 70 家也只能亏损。永和大王的总裁林猷澳也对徐新说，永和大王如果开不到 50 家，亏损依旧不可避免。

在经过长时间的考察后，徐新毅然决定：一次性投资 600 万美元，帮助永和大王继续"烧钱"。过了一阵子，徐新见效果不明显，又投资了 500 万美元。这 1100 万美元，虽然让永和的门店迅速增多，但大家所期盼的盈利却一直不见踪影。

屋漏偏逢连夜雨，在经过多年的投资后，李嘉诚觉得盈利的希望实在渺茫，于是撤资离去。而林猷澳自己也开始怀疑：是不是经营方式出了问题？直营店的成本这么高，不如换个方式，考虑一下加盟店或许好一些。

但徐新不同意这个方案："中国在特许加盟店上的法律还不是很健全，加盟经营通过出售特许经营权确实可以赚快钱，解你现在的围，但是这些没有法律约束的合伙人素质参差不齐，这么做很可能会毁了品牌。加州牛肉面快餐店不就是前车之鉴吗？想当年名震一时，一个劲儿加盟，恶性膨胀，现在还有谁认它这个牌子。品牌是生命线啊！"

最终，林猷澳还是决定以直营店的方式继续撑下去。在后来的回忆中，林猷澳也承认："截至 2001 年年底，我们的累计亏损已达到 5000 万元人民币。"

到了 2002 年，徐新和林猷澳终于见到了曙光。当年，永和大王成功实现扭亏为盈，获利高达 8000 万元人民币。2004 年，由菲律宾华侨创立的快乐蜂集团以 2250 万美元的价格正式收购永和大王 85% 的股权，而这也标志着徐新顺利完成了帮助永和大王"起死回生"的任务，带着数倍于投资的回报正式撤出。

04.
网易：流着血也要上市

中国的改革开放，晚于欧美发达国家。在
20 世纪中期开始的第三次科技革命，从欧美发
端，又促成了日本等亚洲国家的经济腾飞，再到
中国，已经是三传手了。

在 20 世纪 90 年代，美国开始如火如荼地建
设"信息高速公路"。面对新形势，中国提出要
工业经济和信息经济两手抓，两手都要硬。网络
来了，中国要变身，怎么变？

徐新一直有着投资"中国本土中小企业"的

目标。在十多年前的一次电视访谈中，徐新回顾中小企业的成长历程，也是在给他们的未来把脉：

"20年前，国民经济生产组成部分中大部分是国有企业，大概80％左右来自国有、集体和政府企业，但是现在国有企业的比例已经降到40％，也就是说我们的民营企业和外商投资企业一直跟国有企业抢市场，他们的发展速度比国有企业要快很多。我可以告诉大家一个事情，中国的中小型企业，第一是量很大，一共有2900万户，大概是美国的6倍左右。第二是我们的中小型企业已经占到国民生产总值55％以上的贡献。第三，他们是不是赚钱，这是大家最关心的。根据有关统计，20％是赚钱的。"

她还以台湾和香港作为对比："大家看台湾和香港就知道了，台湾人也是中国人，其人均GDP是12000美元，香港是24000美元，为什么大陆是1900美元呢？原因就是我们没有集中精力搞市场经济。过去的25年是中国作为过去的三百多年第一次过上了好日子，第一次开始静下心踏踏实实搞市场经济。这25年的变化很大，是一种巨大的能量，所以我们大家都非常渴望稳定、统一、齐心搞好经济，让老百姓富裕起来，过去25年证明这套制度是适合我们的。"

随着时代浪潮风起云涌，各路英雄也是风云际会。丁磊开创网易，陈天桥铸造盛大传奇，沈南鹏变身蓝色资本家。而更为庞大的群体——中产阶级，也在随着改革开放的逐步推进而逐渐壮大着。

那时，中国作为"世界工厂"，承接着来自全世界的产品制造工作。"Made in China"的廉价产品到处都是，但真正由中国人设计、女王崛起：不只是"捧红网易的女人"

中国人经营的品牌却难得一见。徐新曾一针见血地指出当时的问题所在："我们做这一行的，经常跟国际大公司聊天，比如跟欧洲的飞利浦、日本的卡西欧。我问他们一个问题，你为什么把工厂开在中国？为什么不开在印度或者开在越南？他们回答，因为更便宜啊。"

从"中国制造"到"中国智造"，需要的是创造力，需要的是智慧的大脑带来的灵感。为此，无论是美国、法国还是印度，都在"智慧的大脑"上下了大力气——他们以极具诱惑力的报酬招揽来自世界各国的人才，以大量的投入扩大高等教育的规模。网络时代来了，中国要变身，就要中国人变身。工程师、科学家……星星点点，才能组成灿烂的银河。

而丁磊，便是这条银河中闪亮的明星之一。

徐新至今还对1999年两人见面时的情景记忆犹新。"我被他的自信打动了。他很自信也很有上进心，而不是吹牛——是有实质的自信。"这是徐新每每提及这次见面对丁磊的评价。

1999年，丁磊毅然决定"北上"，将网易搬到北京。这标志着，网易不仅要做软件，还要做门户网站。这一消息，令网易的人气急剧攀升。但是，人气并不意味着一切顺利，在关键的融资方面，网易几乎是连续三个月一点资金都没有融到。

对此，丁磊看得很清楚："这很正常。尽管网易当时在国内排名第一，但是像我这样的人没有国外受教育的背景，没有一支好的管理队伍，公司收入也不到100万美元，而且，我又没做过有关融资的一系列事情，我不够专业，因此没融到多少钱，还花了很多时间。"屋漏偏逢连夜雨，丁磊的铁杆兄弟陈磊华因为难以接受网易的转型，离开了。

徐新就是在这种内忧外患的情况下见到丁磊的。在见面时，丁磊自信地称网易是"行业第一"；但他们心中都清楚，网易在当时的业内绝对称不上第一。根据徐新对整个行业调查的数据结果显示，网易当时稳居业内第三。身在其中的丁磊应该更明白。但，"第三"是事实，"第一"是信心。

徐新清楚，网络是一个大起大落的行业，今天可能大红大紫，明天就可能一蹶不振。丁磊没有超越第三、勇当第一的超人自信，是不可能经受住两年之后的互联网泡沫的，更不可能成为四年之后的"中国内地首富"。

在谈到为何要投资当时还只是一家新兴企业的网易时，徐新说："在欧美，大的行业都被大企业占领了。中国才刚刚开始，现在很多行业还处在跑马圈地的时代，这时候大家的机会是一样的，是创业的好时机。我希望更多的民族品牌崛起。"

在经过详细的考察后，1999 年 12 月底，徐新正式注资网易。这笔资金，足足占了网易 10% 的股份。

在拿到徐新的投资后，丁磊就马上开始着手准备上市。2000 年 3 月，丁磊辞去 CEO 职务，出任网易公司联合首席技术执行官，以此来定位自己。虽然在转型过程中，网易的人气逐渐被新浪等竞争者反超，但丁磊却并不慌乱。他判断，网易目前最重要的工作是建立用户对网站的忠诚度，而这只能通过提高网站流量的方式进行。这方面，

第三章

女王崛起：不只是"捧红网易的女人"

一

充分利用互动性和即时性体现情感因素的虚拟社区将会是网络门户的最佳选择。

对于网易的虚拟社区，丁磊自豪地宣称："网易虚拟社区绝对第一，而且我们没有作假，有些公司一个人断线一个小时了都不将他去掉，我们三分钟就将他去掉了。网易提出虚拟社区概念，多少中国网站跟在我们后面用'虚拟社区'这四个字，是我告诉他们，这叫作'虚拟社区'。"

网易的招牌产品——网易个人免费邮箱也处于不停地更新换代中。通过"网易通行证"功能，网易将所有的服务全部整合到163.com旗下，也借机整顿了一下域名众多导致混乱的局面。而且，即使在后来许多邮箱开始实行收费政策，网易也依旧坚持免费；不仅免费，还不断进行扩容，哪怕硬件投入越来越大，网易也绝不改变自己的政策。

这一系列的操作，让网易赚足了人气，也为上市铺平了道路。2000年6月23日晚23时（美国东部时间6月22日上午），网易在美国纳斯达克正式上市。不过，就在上市当天，网易就跌破了15.50美元的发行价，最终报收于12.125美元，成交量4772800股。

这种"流血上市"令许多人怀疑网易的策略是否正确。而刚刚投资网易的徐新，也损失了不少。但徐新并没有动摇自己的信心。因为，无论网易股价跌了多少，丁磊也依旧实现了高达1亿美元的融资。这对于转型期间的网易来说，无疑是一剂强心针。

05.
患难见真知："投资女王"打响名号

　　商场如战场。对于商人来说，今天和你在同一个战壕里奋斗的战友，明天就可能落井下石，拿钱走人。但在网易最困难的时候，为什么徐新依然坚持着对丁磊的信任？

　　徐新将这种信任归结为"企业家精神"。"企业家精神是我最为看重的。困难不可避免，你一定会遇到非常多的困难，但是在那个时候你能够坚持住，能够走过低谷，就能成功。所以一开始特别小的时候，你要成为一只小蟑螂活下来，然女王崛起：不只是"捧红网易的女人"

后拼命跑，跑在前面。也就是说，永不放弃的精神非常重要。"

"很多投资者当时都走了，我们一直坚持。有人问：你为什么坚持，别人跟你一起进的都走了，你为什么坚持到最后，也是赚得最多呢？我觉得关键看这个人怎么样，是不是有企业家的精神。丁磊有，所以我坚持下来，就赚得最多。"

2000年3月，纳斯达克指数升至5100点。此后，纳斯达克开始了"跳水"之旅。到当年9月时，纳斯达克已经跌到了1088点，创造了三年来的最低。这一轮下跌，标志着"互联网寒冬"的来临。而在纳斯达克"流血上市"的网易，更是多灾多难。在上市期间，网易先后四次被纳斯达克停牌警告，"网易即将被收购"的流言也甚嚣尘上。人们纷纷猜测，网易可能无法撑过这次"互联网寒冬"了。

2001年9月4日的那次停牌，尤其令丁磊痛苦。上午时分，纳斯达克股市宣布从即时起暂停网易在纳斯达克的交易，原因是网易虚报2000年全年的财务报表，830万美元的收入报告中出现了300万美元的错误，违反美国证券法，涉嫌财务欺诈，遭到股东的集体诉讼。暂停直到网易能够提供纳斯达克需要的"补充材料"为止。网易在纳斯达克股市的最后交易是在3天前的9月1日，收盘价格仅为0.6492美元。

当时，网易以"合同误报"和财务报告延期的理由将这次停牌一笔带过。但对网易来说，这次停牌带来的影响远远超乎想象。网易人事剧烈震荡，曾经在网易公司十多天"创收100万美元"的传奇人物张卜凡离开网易，被张朝阳挖到搜狐。一时之间，公司内部谣言四起。

丁磊在传言之中也逐渐心灰意冷了，甚至想到要将网易整体出售。"那时丁磊正考虑把公司的控股卖给台湾的奇摩，说对方的规模是他们的 10 倍。我就说服他，不要只看到眼下的这些差距，大陆的市场比台湾大很多，很可能以后这个比例会反过来。另外和我们合作，他还能继续控股，不必打工。"在徐新的一番劝说后，丁磊总算是打消了放弃的念头。

在后来的访谈中，丁磊也说："当时企业特别困难，很多人都想抽身走，股价只有六毛多钱，你想想看这个压力有多大？我们老板说，你怎么在这个公司花那么多时间，你还不如把它直接撤账了。但是我不甘心。

"我心想这个公司已经在纳斯达克上市了，拿了那么多钱，企业也有了品牌，也有一帮核心团队，技术在中国不能说最好，肯定也是前几名。挺不甘心就这么放弃了，因为也花了很多的精力在里面。当时一召开董事会就是四到五个小时，又喊又吵又骂的，总归是很激烈的。"

当年 10 月，在丁磊 30 岁生日的那天晚上，徐新在香港为他庆祝生日。面对着精美的晚餐，两个人却一点胃口都没有。巨大的压力，让他们都有点喘不过气来。

徐新忽然问丁磊："你都到而立之年了，为什么还不结婚？"

丁磊表情严肃地说："Kathy（徐新的英文名）啊，我一生只有两个梦想，一个是我要建立中国最成功的门户网站，一个就是帮股东赚到钱。"

这句话让徐新大受感动。她在后来的访谈中说："丁磊这小子，现在对我们总算有点责任感了，对股东有点责任感了，那个时候我就觉得，这个人是值得'长期持有'的。"

刚一过完生日，丁磊就马不停蹄地赶往杭州，参加 IT 高峰论坛。丁磊、搜狐 CEO 张朝阳、新浪 CEO 茅道临以及阿里巴巴 CEO 马云等几位当时的互联网"大咖"齐聚一堂，共同商讨一个关键话题：互联网，该怎么赚钱？

除了运营网络的运营商要收上网费外，所有跟互联网相关的企业的任何业务，几乎都是"免费的大餐"。但是"眼球经济"，是眼球带来经济价值，不是眼球就是经济价值，经营者再也不会只眼巴巴地看着网站的点击率不断攀升，就欣喜若狂。眼球，该怎么变成实实在在的钱？

丁磊宣布：网易要开通收费邮箱；马云宣布：阿里巴巴不是免费的展销会；茅道临宣布：新经济回归到经济规律当中来，新浪与传统媒体阳光的合作更是轰动互联网界；TOM.COM 行政总裁王雷雷宣布：投资互联网一定要以盈利为基础。

对于那时主要依靠网络广告赚钱的门户网站来说，网络广告这块蛋糕根本就不够分，而电子商务更是还没起步。哪怕是在市场相对成熟的美国，广告收入也集中于少数几家公司，很多公司都被逼改弦更张，走上其他道路。

想要找出摆脱困境的方法，就必须加倍努力。每天，丁磊都要工作 16 个小时，其中有一多半的时间是在网上度过。经营邮箱业务的他，邮箱格外多，多达数十个。当然，业务量也是惊人的，每天都要收到上百封邮件。

徐新坚信丁磊"可以长期持有"，对他的评价也是如此："为了达到大的目标，丁磊向各方学习，不仅自己把《基业长青》这本书读了三遍，还要求公司员工都要读。丁磊只是一个例子，我们有很多这样的企业家，都非常有上进心，就是说要做行业领头羊，拼命学习，永不放弃。给自己的人生每个阶段都设定一个目标，同时善于从其他地方学习，从而达到这个目标。我觉得这种精神非常重要。"

2002年初，情况终于出现了转机。当年1月1日，纳斯达克宣布将于次日上午10时恢复网易的股票交易。虽说复牌时，网易的股价仅为每股0.95美元，最低时甚至一度达到0.60美元，但无论如何，网易还是活过来了。

丁磊感慨万千地说："为了这一天，我们一直在努力着，一方面是财务的透明化，另一方面是业务的多元化。现在我们终于成功恢复交易了，我的感受很难用语言来表达，总之网易的新时代开始了。"

而与丁磊共同经历过这次风波的徐新，更是十分看好丁磊。"一个人，他在很年轻的时候，就把所有的痛苦，一种浓缩了的痛苦，很快就走完，是一件好事。经过互联网泡沫破裂的丁磊也是。人家说造就一个10亿美元的大企业，在大概二三十年前，需要三代人，然而后来比尔·盖茨大概是10年，丁磊大概四年就把这个过程走完了。你可以想象这个痛苦的剧烈，因为人家体验痛苦都是很长的，30年、10年，而他只有四五年时间，这一定是非常浓缩，非常剧烈的。他

第三章

女王崛起：不只是"捧红网易的女人"

能活下来，说明他的生命力很强，抵抗力很强。"徐新对这段地狱徘徊的评价，绝对是肺腑之言。

但对于丁磊来说，网易的目标绝不仅仅是在寒冬中"活下来"这么简单。中国互联网企业该如何将流量变现？吸引眼球后，又该如何吸引资金？为了找寻灵感，丁磊来到了美国。但他失望地发现，即使是雅虎这种巨头，也和他们没有什么不同——收入的来源依然只是在线广告。微软一类的巨头拥有多年积累的技术优势，网易学不了；雅虎等企业与网易之前的模式也没什么太大的区别。

颇为失望的丁磊只好漫无目的地在美国游荡着。一天，丁磊在不经意间参观了游戏厂商 EA，面对 EA 的规模和业绩，丁磊无比惊讶："在美国，这是一片成熟的市场；在中国，这是一片未被开垦的土地。"

回国后，丁磊便下定决心，开展电子游戏业务，让网易的工作重心转移到无线互联和在线娱乐上来。为此，他辞去了董事长职务，专心做技术；而公司的 CEO 和 COO 也相继离职。2001 年年底，网易推出了在线游戏《大话西游》，稍后，宣布引入韩国全 3D 的 9 版网络角色扮演游戏《精灵》。无论是自主研发，还是从国外引进，走的都是"提供多角色扮演网络游戏（MMORPG）的开发和运营"这条路线。市场定位精准，一向是丁磊的长项，这次也不例外。

第二年，网易开始盈利，率先走出了"互联网寒冬"。消息传来，所有人都感到十分震惊。

当时网易的一名高管就说过："《大话西游》盈利了，如何说都是对的，平淡无奇的。但在当时，在线游戏在中国没有一家是成功的，困难和风险可想而知。"在当时，已经有无数免费的类似游戏投入运营。收费在线游戏，拿什么与免费游戏竞争？

但网易成功扭转了整个市场的趋势，业绩大幅增长，股价也一路攀升到 15 美元。徐新喜上眉梢："股票涨到了差不多 10 块钱，那我们就等于是赚了两倍了嘛。"而丁磊也忍不住心中的喜悦，给徐新打电话报喜："Kathy 你看股价，你们赚钱了吧。""我希望我不是你们投的中国企业家中最差的一个。"

此后，网易更是大赚特赚，股价涨到了每股 36 美元，而丁磊也登上了中国首富的宝座。这时，徐新又再度问起了那个问题："你的梦想，你人生的梦想应该算是实现了吧，你为什么还不结婚呢？"

丁磊说："我现在的梦想是 50% 的市场占有率，是网络游戏要拿 50% 的市场占有率，免费邮箱拿 65% 的市场占有率。"

二人相视而笑。丁磊成了首富；徐新 2004 年套现，获得了 8 倍于投资的收益。在患难中互相信任的徐新与丁磊，最终成功建立了属于他们自己的伟业。

chapter 4

第四章

初涉管理：
为中华英才打造"不败金身"

01.
一间小办公室的"董事长"

　　自 1999 年投资网易开始，徐新和互联网结下了不解之缘。和很多风险投资者不一样，她甚至投下了自己的血汗钱；随后互联网泡沫全面破裂时，能坚持下来的风险投资者微乎其微，徐新就是其中之一。因为对于网络经济，她有她的判断，她有她的透视法，而不是盲目跟风。

　　曾经有人这样称呼天使投资人："要么是家人和朋友，要么就是傻瓜。"对于绝大多数人来说，投资一个初创企业，做企业的"天使"，是

第四章

初涉管理：为中华英才打造"不败金身"

非常需要勇气的，因为你很有可能血本无归。但徐新却不以为意："别人都觉得奇怪，大的基金尚不敢冒险，我为什么要把自己的血汗钱扔进去？其实就是一句话：我相信这个事，相信他这个人。"

就在1999年，徐新在投资网易一举成名后，她又作为天使投资人投资了处于初创期的中华英才网，并第一次担当一家企业的董事长。这次投资，不仅让她获得了百倍的回报，更让她"风投女王"的名号产生了巨大的影响。

而对于中国互联网来说，1999年可谓是"过山车"式的一年。在这一年，新浪网获得包括高盛银行的海外风险投资2500万美元、中华网在纳斯达克独立上市募得9600万美元、软银临门一脚将上海盛大网络送入纳斯达克。但此后的"互联网寒冬"则是让年初的繁荣瞬间化为一团破灭的泡沫。

而在这"过山车"中大笔投资的徐新，也同样"摔得不轻"。如果说，网易还有股份占大头的丁磊在扛着，中华英才网这边，作为董事长的徐新压力就更大了，"头上始终悬着一把剑"。

对于中华英才网的时光，她是如此回忆的："互联网泡沫破灭了，中华英才网还没上市。员工没有觉得有压力，他们觉得我会把钱的问题搞定，因为我本身就是做风险投资的。不过，当时我确实是有压力的。我到处去要钱，人家一听说互联网，就不要听，见都不要见。真是没办法。后来我们在市场上一直融不到钱，压力十分大，是开不出工资的那种压力。但是你回到公司还是要跟员工说，我们前途是光明的，牛奶会有的，面包会有的，一切都会有的。其实自己心里也很虚，再拿不到钱这公司就完蛋。那时候我觉得最大的压力就是，第一可能想到股东，第二想到员工。"

其实，当时还在霸菱投资的徐新，生活可谓十分悠闲：打打高尔夫球，去欧洲旅旅游，偶尔看看投资的几家公司情况如何；但自从成了中华英才网的董事长，将自己的大部分身家都投入企业运营的徐新不仅每天要拼命工作，回家之后还要为企业能否在风暴中存活而担惊受怕。其实，无论是悬在头上的压力、困难，还是三年之后的超值回报和巨额资产，都要从徐新在1999年对互联网的判断开始审视。

1999年，中华英才网还只是一家普普通通的小网站。整个公司只有一间小办公室，五个员工（其中还包括两名临时工），盈利几乎没有，全靠免费服务赚取人气。

徐新最初的目标也并非是这家只有一间办公室的公司，而是另外的两家企业。可是在考察过程中，徐新发现：明明只是个五个人的小公司，却被两家大网站视为主要竞争对手。"免费"固然重要，但只凭"免费"，基本不可能成为业界非常优秀的网站之一。

带着好奇，徐新拜访了中华英才网的创始人张杰贤。但张杰贤给徐新的第一印象实在不怎么样：公司又小又穷，商业计划书也拿不出来，好不容易拿出了计划书，也只不过是两张A4纸而已。对于这样的公司，霸菱投资自然不会感兴趣——只有流量，却没什么变现的办法，这种小体量的公司估计没什么前途。

但对互联网十分感兴趣的徐新在与张杰贤多次接触后发现了这家不起眼的小公司的独到之处——重视流量。"现在免费，为什么要免费，

初涉管理：为中华英才打造"不败金身"

可以从百货商店那儿找到启发。百货商店的门口也不收费，你买东西才收费。百货商店先让客人进来，人流就有了，人流对头卖很重要。"

对于张杰贤的这番话，徐新十分赞同，心中暗自赞叹这个人拥有着十分出众的商业悟性。徐新早已对互联网进行了深入的考察，她深知："眼球"是互联网最宝贵的资产。人多了，流量多了，网站才有可能盈利。

但当时中国互联网的现实也告诉她："眼球"可以盈利并不意味着"眼球"等于盈利。片面追求高点击率，有时除了高昂的成本外什么也带不来。正如搜狐 CEO 张朝阳所说："以前讲眼球经济，只是片面地理解为点击率，实际上这是注意力经济。现代传播手段的高度发达，使得信息的传播空前广泛，这大大分散了人们的注意力。社会分工和产业的发展，又使得产品的制造变得很简单，推销产品成为企业竞争的关键。你的产品要卖得好，首先要人家注意到你的产品才行。但由于现在每天人们接收的信息太多，你的产品传播会有许多噪音，因此如何从那么多信息、噪音中站起来，让人家注意到，这很重要。"

赚取"眼球"，中国互联网人早已驾轻就熟；让"眼球"变现，却没几个人能够做到。不过在徐新看来，张杰贤就是一个能让"眼球"变现的人。而让"眼球"变现的关键，正是张杰贤构建的特殊商业模式。

那时，门户网站万众瞩目，网络招聘才刚刚出头，并且还和猎头公司牵扯不清，网络招聘与门户网站相比具有比较优势。徐新说："portal 门户网站和它（中华英才网）相比，还要制造内容，养一大帮编辑编写内容，并且这都是即时性的，成本很高；而中华英才网的内容不用制作，应聘者只要把简历放上去就是内容，招聘单位把招聘的内容写上去就是内容，而且他们都不用去谈。找工作的人也多，招聘单位也多，那看到这么多好企业，你会赶快把自己的简历放上来，招聘单位的求职者就会多。它是互动的，所以我们叫作良性循环。"

作为徐新一生中非常成功的投资之一，网易在接受徐新投资时已经成了业内前三的顶级公司，"网易北上"更是当年中国互联网的一大热门事件；多年软件公司的实力积累，让网易登陆纳斯达克也基本成为定局。但中华英才网则不同。初创企业，没有任何实力积累，除了眼球几乎什么都没有，上市更是天方夜谭。如何在竞争中取胜？只有在商业模式上下功夫。

作为招聘网站中的"追赶者"，中华英才网的商业模式确实十分独特。中华英才网与其他传统招聘网站不同，网站需要做的只是提供一个平台，帮助用户把互动开展得更好。无论是应聘者还是招聘的单位、公司，内容都需要他们自己来填，来更新。如果说，门户网站制造的是内容，网络招聘提供的就是服务。在那个 web1.0 大行其道的时代，中华英才网这个 web2.0 的商业模式显然更为优秀。在其他的招聘网站中，用户只能被动地接受网站编辑提供的信息；在中华英才网，双方却可以形成信息互动。

那么，人们最为关心的变现问题，中华英才网又怎么解决呢？在这点上，中华英才网有着自己独特的解决办法。中华英才网是一个网络平台，而且仅仅是一个平台，内容自动更新，资金源源不断。只要搭建好招聘的舞台，就有层出不穷的人上台应聘和招聘。他们在留下费用的同时，带走并扩大了网站的影响力，吸引来更多的客户。相比于门户网站、电子商务网站等不同形式的互联网企业来说，中华英才网可谓是轻装上阵，前景又无比广阔。

最终，在经过多次考察后，徐新拿出了自己的大半身家，向中华英才网投资 500 万元。这也让她成了这间"小办公室"的董事长。

02.
带企业，关键是用人

在徐新 500 万元投资的帮助下，中华英才网飞速发展，一跃跻身中国招聘网站的前三名。不过，中华英才网的发展还是跌跌撞撞；其间，徐新花费的不仅是 500 万元，更有数年的心血和难以想象的压力。

可在付出了巨额投资、心血和压力后，等待着徐新的并不是胜利的曙光，而是一场凛冽的寒冬。在纳斯达克指数"雪崩"后，中国互联网企业也开始走入了泡沫破裂的黑暗时代。在一年多

第四章

初涉管理：为中华英才打造"不败金身"

的时间里，不知有多少互联网人士像徐新一样，"头上悬着一把剑"，周末回到家就是发呆，想着怎么给员工交代，给股东交代。新的一周开始，就是新的找钱一周的开始。也正是像她自己鼓励丁磊那样，徐新在这场破裂的泡沫里，"像小蟑螂一样"向前跑，终于等到了一次机会——"非典"来了。

对于大部分人来说，"非典"是一场灾难。但对一些行业来说，"非典"却是一次巨大的机会——就像宗庆后在水污染事件后开始着手生产纯净水那样，招聘网站也因"非典"的影响而迅速走红。人们为了避免感染病毒，纷纷开始通过招聘网站招人、找工作。受此影响，前程无忧的流量大涨20%，中华英才网日均新增职位也达到了1740个。

不过，相比于前程无忧和智联招聘，中华英才网的增长却远远不如对手。2004年，前程无忧销售收入达到了5800万美元，而中华英才网的销售收入却只有七百多万美元，二者完全不在同一个量级上。

对于这种异样的发展势头，感觉敏锐的徐新意识到，企业肯定存在着问题。作为一个投资人，徐新并不是一个甩手掌柜，她也经常在不干扰企业运营的限度内为企业的成长出谋划策。而对于由她出任董事长的中华英才网，她自然更为尽心尽力。而尽力的方式，便是帮助企业找到合适的人。

"我觉得光是投钱，你不帮助企业家也是不行的，还得帮助企业家一起成长，比如说把合适的人找进来。我们会花很多时间帮企业家找人。

"举个例子，当时我们投永和大王的时候，那时它有十几家店，而且它的两个老板都很能干，老板下面就是店面经理。你要建立一个全国快餐连锁的第一品牌，还得有地区总监、行业部门的总监，那这些人怎么办？我们就跟这两个创始人商量。他们说你们去帮我们找吧。我们就去麦当劳、肯德基帮他们找。那里的人才虽多，但是薪水要求也高，这让我们很为难，总不能比老板的工资还高吧！后来，我们想出了一个折中的方法，永和出一半钱，我们出一半钱，作为工资，试用期为六个月。六个月之后，他们的表现十分出色，就留在了永和工作，一直到现在。"

作为董事长，徐新在物色 CEO 的问题上可谓是大伤脑筋。徐新在进行投资考察时，考察的第一目标往往是这家企业的掌舵者；而对于中华英才网，她更需要大量的时间去寻找一个合适的人选。性格如何，魅力何在，缺点是什么，重大决策错误是在什么情况下犯的等，都是考察的重点。除此之外，团队、员工，以及供应商，甚至竞争对手，这些方方面面的因素也都要考虑进来。

经过多次筛选，徐新的目标最终落在了两个人身上。这两个人都十分优秀，可是 CEO 的位置只有一个。到底该选谁？

常言道，知己知彼，百战不殆。而徐新考察的目标，便是他们能否做到"知己"。她让两人详细了解公司现状，然后同时做管理咨询服务，酬金 30 万元，耗时四个月。他们可以现场考察，可以做书面资料评估，也可以与相关人员面谈。总之一句话：全面了解企业。徐新对他们说："在你们来之前，我不会马上就召一个职业经理人。你们先到我们公司来做调查，搞四个月，把中华英才网最好的，尤其是最不好的全部给我们查一遍，查完以后你们思考有没有信心做好。你们别只听好的，听我吹，你们应该去看那个最不好的、最困难的。要是你们来做，你们能做成什么样子？"

两个人都是中国精英的企业管理者，对于企业的情况，两个人都在非常短的时间内便迅速做出了判断。对此，徐新进一步筛选，"我说我有三个条件：第一，把你的钱放进来，身家放进来。第二，我们不相信多元化，做中华英才网就要一心一意做，原来公司的股份也得退掉。第三，我们工资不会开得很高，因为企业文化就是低成本运作，要给你开 100 万元的工资，那企业文化就改了，就做不好了，但是我们给你很多股份，会赚很多钱，这点可以放心。"

能力固然重要，但作为一家企业的领导者，他的毅力、决心等性格因素往往决定了企业能否走出困境。为此，徐新特意在情商方面对他们进行了考察。这两个人实力相当，但是面对徐新的情商测验，却给出了截然相反的答卷。

徐新这样描述了当时的情景："一个人把房子卖了，咨询公司的股份退了，把自己的身家放进来了。另外一个学历很高也是很棒的人，但一开口就要 30 万美元年薪，每个星期还要回香港。我说你每个星期顾着下班回香港，员工还不溜得更快呀？他一毛也不肯拔，还整天问我上市的事。我对他说，公司上市只不过是个里程碑，也可能上不了市。你别到一上不了市时，拍拍屁股就找另外一份工作，那我们这帮股东怎么办，我们员工怎么办？如果用百分制来衡量公司运营的话，我们已经做到 70 分了，这 70 分栽到你手上，那多惨啊！这家公司我们投入了很多心血，你也要投入心血。我们把所有的鸡蛋都放在一个篮子里，才没有后路可定。"

最终，徐新确定了 CEO 的人选：曾任华为副总裁的张建国。2004 年，张建国正式走马上任。

03.
如何寻找优秀的企业家

其实，徐新是不愿意更换企业的 CEO 的："我觉得，如果创始人现在可以当 CEO，将来不能当 CEO 的话，最好还是不要投这个公司，因为换掉创始人是件很难的事情，风险很大。我们希望，这个人最好能从头做到尾。"但是，面对着企业存在的问题，徐新也不得不做出更换 CEO 的决定。而对于这个新的 CEO 人选，徐新也有自己的要求：要把自己的资金放进来，要把自己开设的公司退掉，不能要求太高的工资，而公司会给很多股份作为补偿。

　　而曾任华为人力资源总监的张建国，很快就按照徐新的要求完成了这三件事：他将自己的房子卖掉作为投资，又关闭了自己的咨询公司；而徐新也说服了公司的股东们，以15%的股份作为对他的补偿。

　　有很多股东不理解，为什么要给一个"空降兵"如此高额的股份？徐新解释说，一个优秀的CEO，带来的是全新的企业文化，这能为企业带来强大的动力。她认为，企业文化是企业的灵魂："海尔员工工资不是很高，为什么这么拼命工作？他们很热爱这个事业，他们觉得很有成就感。有文化，才能有品牌。中国市场这么大，外国企业一定会进来的，人家有资金，又有管理经验，要来抢夺市场是正常的。数据证明，如果你是行业第一，你跟第二名差两倍距离，他要赶上或者超过你的概率是很小的。中国很多行业，特别是中小企业所在的行业多是一个新兴行业，现在还是一个跑马圈地的时代，所以一定要花时间把品牌建立起来，让自己的企业文化不断更新、成长。"

　　因此，选择CEO就成了一项复杂而漫长的工作，如果把企业比作一个精密的机械，那么CEO就是机械的核心；但是，仅仅更换核心是不够的，每一个不能与核心适配的部件都要更换掉才行，相当于整个机械都要更换一遍。因此，CEO的人选一定要慎重，直觉要敏锐，要有领导才能，是在做事业而不是做工作，最好是销售出身，能比技术出身的人更了解一个企业如何生存，满足了以上的条件，这

初涉管理：为中华英才打造"不败金身"

个 CEO 才是一个优秀的 CEO。此外，企业家的个人权威也是一个十分重要的因素，无论丁磊还是宗庆后，都是"权威加魅力"的风格，既有魅力让企业员工仰慕，又有权威让员工信服。尤其是在企业处于困境中时，一个有权威的企业家往往能够保证企业的执行力，而没有权威的人就会遭到员工的怀疑，最终导致企业在内耗中走向灭亡。

当然，互联网企业与传统企业有着巨大的不同之处，这也决定了互联网企业不能完全照搬传统企业那些成功者的"权威加魅力"风格。在投资了多家互联网企业之后，徐新也有了新的认识："传统行业 CEO 的独裁者比较多，基本上是一个人说了算，而且股权很集中，但是员工稳定性非常好，不给任何股权，员工的稳定性也很好。到了高科技行业，股权给的很多，但是员工纷纷跳槽。这一点很奇怪，说明行业不一样，对人的需求也不一样。可能搞高科技的企业，你的管理方式就不能像军事化的管理，否则很多人都会走。面对工程师，你总不能军事化的管理，先来唱一首革命歌曲，喊几个口号，然后再给我去干活，人家不喜欢，你要有另外一种亲和力比较强的管理方式。但是，在生产线上如果不搞这样的话，很快就没有标准化了。总之中国的 CEO 普遍都有一个特点，就是要有企业家的魅力，能够带动大家往上走，我个人觉得 CEO 能够说了算还是很重要的。"

而相对于已经成熟的欧美企业，中国的企业也有其特殊之处。在中国，创业者无外乎有两种人：一种长期在国外摸爬滚打，积累了丰富经验的"海归"，尤其是那些熟悉中国市场的跨国公司中国区经理们，他们有着丰富的经验，有着广泛的人脉，能够迅速从风投那里获取融资。一种则是本土的创业者，他们也许有着对中国市场的丰富了解，但他们对于国外新模式的了解，在人脉的积累方面，都远远不如那些"海归"；有时，他们甚至连资金都只能靠自己的积蓄和亲戚的借款。这就像是一场龟兔赛跑，从一起跑开始，兔子就有着巨大的优势。

那么，慢吞吞的"乌龟"，是否拥有反超"兔子"的机会呢？在徐新看来，赢下这场"赛跑"的关键，就是企业家的精神。因为，创业是一场万里长征，起跑的优势，并不一定意味着最终的胜利，创业就有天使投资的创业者，也只有五分之一的概率能做到上市。

对于跨国公司中国区经理创业，徐新并不是十分看好，而那些本土出身的高管，反而是徐新最为关注的人。理由也很简单，前者长期在为已经拥有成熟模式的跨国公司工作时，思想也很容易被固定在这家公司已有的思想框架内。

徐新这样分析："跨国公司中国区的 CEO、总经理，可能会自立门户出来创业，但他们有很明显的优点和缺点。从简历看，他们都是顶呱呱的，善于建立公司制度和文化，因为他们在跨国公司已经全都做过这一套了，拥有专业精神，这是他们的首要优点；另一方面，他们又讲中文，又讲英文，文化上跟西方比较接近，融资比较容易，收购兼并也很擅长，战略融资去上市，直接沟通的能力比较强。但他们有一个最致命的缺点是对生意的直觉差，因为他们以前是打工的。在中国，不管他们以前的职位是什么，基本上都是销售加管理。他们的角色是执行者而不是战略家。战略在总部早就定好了，他们只要沿着画好的格子向前走就是，说到底他们是走格子的人。产品不是他们想出来的，定价不是他们想出来的，所有的策略都不是他们想出来的，他们只是执行。现在要做一个企业家不一样，要制定战略、要定位产品、要定位价格，各种经验都要有，但他们没有。还有一个劣势就是他们的成本太高，一般来说大公司出来的领导，工资基本上都在 15 万美元以上。现在出来创业，他们依然给自己开高工资，比如 30 万美元。可这样一来，就为公司设立了标尺，于是首席财务官的年薪 20 万美元，销售总监 18 万美元……于是，公司的成本高得不得了，毫无竞争优势可言。"

在中国，由于人们的收入水平相对欧美来说并不高，因此对于物美价廉的商品的需求往往更高。这就意味着，价格战对中国企业来说会是家常便饭。薄利多销的经营方式，决定了谁的成本低，谁就会在价格战中活下来；而要求高工资的中国区经理们，对于追求低成本的中国企业来说自然是个负担。一旦高薪的经理们引起了企业员工的内部攀比，那么企业很快就会不堪重负。

为此，徐新还做了一个实验：她在一家投资的公司内试着降薪 5%，但马上就遭到了高管们的反对。因为，这些高管很多是"海归"，有些还曾经在跨国公司任职。他们早已适应了高薪的"金领"生活，一点点的降薪都会让他们产生反对。

徐新曾讲过这样一个故事：有个创业者曾找到她寻求投资。作为某跨国公司的中国区高管，他带了一大批人辞职创业，公司部门齐备，有秘书和法律顾问，甚至还聘请来一位外国高管做兼并部总裁。徐新翻了翻资料，就立刻决定拒绝。初创公司，没有融资，又何谈"兼并"？连方向都没有找好，就算你有一艘巨轮，又有什么用处？聪明的创业者总是扔掉包袱，划着小舢板出海，能活下来，再慢慢壮大的。

因此，徐新对于这些高管们，往往采取"第一次创业不投资"的策略，而事实也证明徐新的判断是正确的。很多高管的第一次投资往往都是失败的，在交了一次学费后，如果他还想创业，这样的创业者才值得认真严肃对待。

跨国公司总经理各项素质都很过硬，是公认的高级人才、领跑者。但是，如果不能放下自己的身段，就不可能适应中国市场的特殊环境。而张建国这位来自本土企业华为，并创建了著名的"狼性文化"的 CEO，则正是徐新所要找的优秀企业家。

张建国一上任，就将华为最引以为傲的"狼性文化"带进了中华英才网。上任第一天，张建国就对员工说："你现在如果不是狼，最起码要先成为一个'披着狼皮的羊'，然后成为'披着羊皮的狼'，最后成为'披着狼皮的狼'。"

要培养"狼性"，先要做好"头狼"。对于徐新的要求，张建国毫不含糊：从退出自己组建的咨询公司，把全部身家押在中华英才网开始，他就没想过还要走回头路。他曾如此回忆与徐新的初次见面："跟徐新谈话，应该说是我人生经历过程中非常重要的一个转折。"本来，张建国对网络招聘并没有什么特殊的兴趣，在蛇口的一间咖啡

初涉管理：为中华英才打造"不败金身"

馆见面时，张建国也只是把徐新当作普通的咨询客户来看待："在人力资源里面只是一块儿而已。"但在逐步了解了中华英才网后，他开始被这家公司吸引住了。

"我觉得中华英才网这个舞台确实给了我很多锻炼的机会。比如说，如果我在华为的话，还是个副总裁，可能只是管一块业务而已，但在中华英才网我是总裁，我思考的就是公司全面的管理，对我来说能力锻炼是综合性的。怎么样去管理 1300 个人的企业，12 个分公司的企业，这些经验在华为是不可能获得的。"

作为中华英才网的"头狼"，张建国有许多问题亟待解决。他认为，团队需要培养三个特质：一是敏锐的嗅觉，二是进取心，三是团队合作能力。针对这三点，张建国不仅大力建设培训体系，还设置了行之有效的奖惩制度，激励着每个员工积极进取。

徐新对张建国的做法大加赞赏，称"业绩考核"为这支团队的体能测试表。她说："一个企业做得好还是不好，其实都是在管理上，浓缩一句话就是绩效考核。如果一个企业一个季度开一次管理会和一个星期开一次，绩效就不一样。中华英才网没有建立绩效考核时，成长是 30%、40%，已经很高了；做了绩效考核，成长达到 100%。为什么会这样，关键词就是绩效考核。每个员工的销售业绩每天都贴在墙上，团队里互相比较，刺激他们不断向前冲。但是也要与经济利益挂钩，让他们真正赚到钱。"

在张建国的带领下，中华英才网迅速崛起，一步一步夺回失去的阵地。徐新对此深有感触："张建国来了以后，我们这个企业一直倡导狼文化。狼文化的特点，除了有杀手的本领，杀手的直觉，还有一个就是要依靠团队，坚持不懈，不能靠个人。这种团队，一旦把你包围，不可能突破出去，因为这是一个非常有战斗力的团队。"

04.
"Monster"来了：合作，而不是附庸

　　1997 年，中华英才网成立之初，它还只是一个小猎头公司的附属物，作为吸引人气的一个工具存在。直到徐新发现它，投入 500 万元，第一次吸引资金成功。据调查，2003 年中国网上招聘收益还只有 3.1 亿元，到 2004 年已经攀升到 5.5 亿元。传统的现场招聘、报纸招聘业务的市场份额每年只能增长 10%，而网络招聘却能一直保持 40% 的增长。

　　为了继续扩大影响力，中华英才网与其他几

家网络招聘巨头展开了"广告大战"，用重金推广自己的品牌，提升自己的影响力。这场"广告大战"，不仅提升了网络招聘的社会影响，也让许多投资人开始关注中国网络招聘市场。

美国的网络招聘巨头 Monster 就是其中之一。在徐新的介绍下，Monster 公司派专人会见张建国，洽谈意向。这件事情到了媒体那里被演绎得神乎其神，"据说，那人在张建国的办公室里转了一圈，就确定了投钱"。

对于这次投资，徐新十分看好："Monster 很早就有进入中国市场的计划，因为中国市场具有最大的潜力。Monster 最终确定了中华英才网，在于中华英才网的管理团队和整个团队的执行能力。我觉得有 Monster 在，我们会发展得很快。它是全球最大的网络招聘企业，在 25 个国家有自己的分支机构，美国的互联网毕竟走在我们前面，我估计要比我们快 2~3 年，一定有些经验和教训可以跟我们分享。有一个巨人把肩膀伸过来，你能不站上去吗，而且价格也不错。"

2005 年，Monster 以 5000 万美元收购了中华英才网 40% 的股份。三年后，中华英才网上市，Monster 的股份也扩大到了 51%。很多人惊呼，一家民族企业又要被外国人吞并了。

徐新却认为，这次投资是合作，不是附庸。她说："我们可以独立去上市，在这一点上我觉得我们谈得相当好。一方面 Monster 占了40% 的股份，能够带来先进的产品和管理的经验，这都是可以借鉴的地方，另外一方面他们没有限制我们独立上市，我们有三年的时间独立上市，也是非常好的。上市的时候，他们会持有 51% 的股份。根据我们双方的意愿，我们可以买下全部股份，也可以将我们的股份交给 Monster。如果是附庸，我们可以从一开始就卖掉，但我们不同意。我们要自己独立走，一旦上市以后就无所谓了。

"对我们来讲，一旦上市，地位就确立了，股票具有了流通性，不管是股东还是员工的股票，都有流通性。谁控股并不重要，就是他们占到 51% 还是我们来经营，他们现在占到 40% 一个人也不派来公司。他们已经投了二十几个公司，已经得到经验和教训，让当地人管当地的业务是最好的。"

既然是合作，那就要形成互动。不是争夺领导权，也不是当甩手掌柜，而是相互之间的交流与互补。中华英才网为 Monster 的全球客户在中国内地市场提供帮助，Monster 利用自己的全球资源，借 26 个分公司的力量帮助中华英才网的中国企业在全球范围招募人才。张建国对 Monster 的国际平台十分满意，"外国人想在中国找工作，或者中国人想在海外找工作就比较方便了"。

在合作确定之后，徐新的工作重心就开始转向了整个团队的发展方向和管理原则上。"跟整个团队去 Monster 那里，待了一段时间，觉得学到不少的东西。感受最深的就是美国的网络经济用传统的方式在管理。网络一开始是建筑在一个创意，或者说一个主意的模式上面，最后还是要拼执行，看谁执行得好，传统行业好的东西可以借鉴。"

而对于这家主力是年轻人的企业，吸引新员工也是十分重要的。对此，徐新表示："发展对年轻人来讲，是很重要的。我们有了这个资金的注入，再加上巨人的肩膀，发展会更快。一有发展就有机会，如果这个公司不发展，公司不成长，你怎么发展？有了资金，就有新的销售人员，有了发展你就有了机会。

"企业的发展对员工是非常重要的。我觉得这个舞台给员工提供了很多的机会，有的不是钱能买得到的。给你一个舞台，把它做好，吸收里面的经验和教训，你的履历会变得很值钱，这个比待遇更重要。

"一开始不要在乎多少钱，在乎的是机会，有一天你翅膀硬了可以飞起来，如果你翅膀没有长硬，没办法谈待遇。现在的雇主很聪明，你值多少钱跟你的经验和能力是挂钩的。年轻人，要打造你的能力。"

当然，徐新毕竟还是一个投资人，她关注的重点也是整个行业的发展趋势。对于 Monster 的巨额投资，中华英才网该如何应对？徐新表示："会有很大的变化，我觉得一个行业的塑造，还是要靠有几个大的企业。现在很多的求职者还习惯在网下找工作，通过报纸和招聘会。怎么样知道网上更好？一旦用了，肯定知道网络招聘好。在美国、欧洲，已经得到了证明：速度快、成本低、方便，这是一个很普遍的东西。但为什么还有人用传统的方法？就是因为他不知道，你怎么样让他知道，要靠大公司做广告。从不知道到知道，这是一个习惯问题。习惯一旦改变了，就势不可当。"

在 Monster 的影响下，海外资本纷纷涌入中国网络招聘市场，前程无忧、智联招聘等企业都得到了巨额投资。而中国网络招聘也从"三国争霸"逐渐转向为"诸侯逐鹿"的局面。

05.
洗牌时代，如何打造不败金身

　　巨大的资金，带来的不仅是扩张的资本，残酷的市场竞争，更有技术的不断升级，理念的不断发展，团队的建设优化，品牌的形象提升。

　　洗牌，意味着机遇与挑战都将出现。能够在洗牌中把握机遇的，就能让自己更上一层楼；不能在挑战中获胜的，就会一败涂地。中华英才网时刻保持清醒，密切关注洗牌过程，巧妙利用自身优势，克服自身劣势，成就新的英才品质。

　　企业能否成功，关键在人。具体来说，就是

人才储备的丰富程度。在面对同样的机遇，有着同样的基础设施时，人才储备就是决定企业能否成功的关键。有了人才，一切资源就会围绕人才而动，为企业带来发展的动力；有了人才，一切制度就会因人才而建，变为企业的生命保障。

在任何时代，人才都是取胜的关键。但是，招聘的方式却千差万别。人才点燃帝国生命，照亮企业发展，招贤纳才的招聘就是企业和人才接通的桥梁。时代不一样，选才方式不一样；人才不一样，选择方式也不一样。

在互联网时代，招聘也和传统选才息息相关。古人重视人际关系，方法不拘一格，毛遂自荐、三顾茅庐等故事至今被人们奉为合作的典范；而在新的时代，托关系、看面子的老办法逐渐失效，网络招聘的大潮滚滚袭来。

勇立潮头的中华英才网，正是这个时代应运而生的产物，它的使命就是为人才和企业搭高架桥、铺高速路。20世纪90年代末，中国企业开始尝试走国际化路线，因为人才的缺乏、人才理念的落后，一路上历经无数的艰难险阻。例如与中华英才网进行招聘合作的神州数码副总裁王平生就说："我们希望在全球范围内招收顶尖人员，谁能胜任岗位，我们就用谁。我们有这种需要，但是确实不知道用什么方式去找到这样的人，这就是我们与中华英才网接触的目的。"

徐新更是掩饰不住对网络招聘的偏爱之心。在一次电视访谈中她这样说道："有些问题通过因特网来解决，是最优的方式。网络招聘作为一种新型的人员招聘模式，具有便捷、高效的特点，已成为一个潜力巨大、增长迅速的市场。在美国，20世纪50～60年代，每个人在一个单位工作的平均时间是23.5年，现在减到三年。美国现在每年有4000万人寻找新的工作。这样的变化，中国也会经历。今年4月，全球最大的招聘网站Monster宣布向中华英才网注资5000万美元。与我们合作的Monster是全球最大的招聘网站，每个月有7200万访问者，现在总共有600万个成员，是全球访问量前50名的网站之一，估计今年放在Monster上的简历将达1.3亿份。"

徐新看中的是Monster的强大实力，而Monster的创始人杰夫·泰勒则看重中国广阔的人才市场。他认为，Monster想要继续发展，不能只依赖美国市场，而要做到放眼全球。

中华英才网被Monster看中，是因为它背靠中国人才的辽阔原野。Monster认为，只有这片希望的田野才能让Monster尽情奔跑，持续发展。张建国认为，这次"联姻"是双方合作的深度契合："这个联姻是有条件的，两个人不能无缘无故地结婚。我想Monster这个全球最大的网络招聘公司，他们看到中国市场人才潜力的巨大。中国是人口大国，中国市场具有非常大的潜力。那么，也就是说Monster通过跟中华英才网战略合作，可以形成全球人才结构。"

最终，徐新与杰夫·泰勒握手，这也表示着招聘的新时代正降临到中国。"中国人才，世界储备；世界人才，中国储备。"这不仅仅是一个口号，更是合作双方努力的方向。

Monster和中华英才网的这次合作，意义不可谓不深远："第一个，对于准备走出国门的中国企业，存在信息不对称的问题。究竟国际人才在哪里？不知道。中华英才网跟 Monster 的合作，建立起了跟全球对接的一个人才信息网络，这是一个途径。第二个，是通过并购重组，通过资本的杠杆来收购人才。第三个，是运用国际大公司的管理机制，如 Monster 放权给本地化的人才管理，本地企业同样可以把国际化做好。"

人才的重要性世人皆知，但该如何判断什么样的人才是人才，也是千古难题。无数的人抱怨自己的才华被埋没，无数的人担忧世间人才难求。现在面对国际化的世界浪潮，人才多了自由选择的机会，但也多了不少迷茫。招人单位、公司更是愁眉不展，谁是国际化人才？这成了他们头疼的问题。通晓多门语言的人越来越多，"海归"越来越多，有跨国公司工作背景的人也越来越多。这些人，就是国际化人才吗？显然，国际化人才并非只是一两门外语或一点点工作经验那么简单。

徐新指出，"只要能在国际市场上把问题搞定就是国际化人才"，并且举例说明，"联想并购 IBM 在全球的 PC 业务，负责谈判的人也不太会讲英语，但是他通过一个好的翻译同样能够把问题搞定，那他就是一个优秀的国际化人才。"

国际化，最重要的是思维国际化、办事风格国际化，而不是简单的外国背景或几门外语。这样的人才，去哪里寻找？杰夫·泰勒先生和徐新异口同声：到本土以外的市场拓展业务时，寻找国际化人才的最优选择就是，兼并或收购当地企业，然后雇用优秀的本土人才开展业务。企业没有那么多的时间和精力去培养国际化人才，因为这只会

初涉管理：为中华英才打造"不败金身"

拖慢企业前进的速度。Monster 与中华英才网的合作，正是这种观念的实施。作为具有丰富经历的跨国招聘巨头，Monster 在世界各国寻找人才时，往往是通过并购、兼并的方式吸引具有国际视野的当地人才，进行本土管理。无论是中国还是欧洲，Monster 都是这么做的。

通过自己的努力行动，Monster 和中华英才网都在告知世人：在互联网时代，能够搞定问题的人才才是国际化人才。那么，作为一家互联网企业，中华英才网又该如何将真正的国际化人才发掘出来？

技术的升级显然是最好的答案。在当时，web2.0 大行其道，人人都争先恐后地投入 web2.0 的大潮中。不过，冷静的徐新却认为，web2.0 技术模式还不能找到盈利的方式："要找到突破点，有可能将来可以向个人收费，不过这需要时间。"她还说，"网络里一些虚拟的东西，我们觉得这是年轻人的事情。他们现在还不具备购买能力，但是三五年之内他们就有购买能力。"

对于中华英才网来说，将招聘与新技术结合，目的就是将技术进行升级，将服务进行推进。传统的招聘会虽然历史悠久，但弊病众多，原因基本上在于数量巨大的用人方和应聘者双方都要聚在一个小小的场地，简历满天飞，在高强度的工作状态下，资源浪费率极高，同时还存在安全隐患等弊端。而网络招聘的短处也很明显，就是双方的信息量都太过庞大，招聘方和求职者都需要在浩如烟海的信息中找出自己需求的目标。如果没有科学而精确的定位，双方都很难找到真正合适自己的目标。

徐新曾列举了这样的两个案例：

有家经营数字安全服务的公司，总是抱怨自己在招聘会上一无所获，而在网络招聘上也很难找到合适的人才。因为，这家公司的产品太过专业化，普通大众难以涉及，对口的大学毕业生也很少，因此投递过来的简历自然也很少。每次招聘会，企业都要花大量时间来宣讲产品的内容，这就让招聘会变成了"宣讲会"。而网络招聘与新技术结合后，网站就能做到针对客户需要，准确提供符合需求的人才信息，拉近招聘者和应聘者的距离。

华润雪花啤酒（中国）也在招聘方面遇到了困难。不过和上一家企业不同，他们不需要推销自己，只需要打出"华润雪花"的名号，就有无数的人前来咨询。但是，很快他们就发现了当前招聘的缺点：人太多了。"我们在专业招聘网刊登招聘广告，可以收到几百封甚至更多的简历，但是在挑选时却浪费了很多时间，因为大部分的简历并不是我们想要的。对于像华润这样的知名企业而言，缺的不是简历的数量，而是简历的质量。庞大的简历数量，并没有减轻招聘人员的工作，甚至还要为额外的筛选付出更多的时间。"对于网络招聘来说，他们必须要解决一个问题：不能仅仅把报纸上的招聘信息搬到网上，让用户自己搜索。

招聘者不满意，应聘者同样牢骚满腹。在智联招聘的一项调查中，超过70％的应聘者认为网络招聘没有起到很好的作用，满足自己的需求。其实，如果企业能够准确地描述自己的职位，网站就能针对需求提供合适的信息；如果应聘者在了解到企业的高门槛后知难而退，企业也能省去不少审核简历的精力。

初涉管理：为中华英才打造"不败金身"

需求推动着历史的进步。在新的技术下，网络招聘开始不断发生变化，网络招聘的各个领头羊开始摩拳擦掌，要勇立潮头。

中华英才网推出的"伯乐谷"就是在新技术模式下的"奇招"。在这里，应聘者可以尽情秀出自己的特点，招聘者也可以在这里展示公司形象和团队精神。"应聘者大跳热舞""公司职员深情演说""企业高管集体蹦极"是媒体在展示这种新颖招聘形式的大段爆料。这种视频招聘形式新颖，效果直观，一经推出，受到了广泛好评，效仿者趋之若鹜。很快，中华英才网开发的新技术模式就得到了大量竞争对手的效仿。

作为新时代的引领者之一，比起理想，徐新更愿意分析这种"精确打击"背后的实质。在一次采访中，徐新也十分犀利地指出："到我们这里登录的企业都有一个审查的过程，它的职位放上去以后，有没有点击，这个企业有没有对简历进行过滤，企业招聘有多少人求职，系统都会有一个反馈。如果企业收不到简历，或者说收到很少，我们都会跟踪。我们会对客户的审查和后期招聘的效果进行跟踪。"

Monster 的合作对中华英才网来说更是如虎添翼。在 Monster 的帮助下，中华英才网很快就实现了对竞争对手的超越，这让徐新感到十分骄傲："上来登录的公司有很多，大的公司也有很多，财富 500 强的公司 90% 以上都用我们的服务，大的公司品牌信任度也是一个很好的品牌特征。上我们的网站，你会发现有许多很大的公司。同时，我们的覆盖面也很宽，从大到小的公司都有，有的人不愿意在大公司，愿意在小公司，这种需求也要兼顾。

　　"对于很多的求职者来说，他都会主动找工作，主动上网来看。但是还有一些不是主动找工作，你有好工作他也不在意。所以，我们有一个产品叫订阅职位，你想找工作，同时又没有太多的时间浏览网页，我们会把你搜索的职位保留下来，一个星期往你的邮箱发一到两次的邮件，向你推荐符合要求的职位。这样，你就不用每天都来网站看了。在邮件中，有职位的名称，你点击就可以看了。这样，不主动的求职者，照样可以及时地收到招聘信息。"

　　在新时代中，网络招聘的花样层出不穷，无论智联招聘的 VIP 服务，中国人力资源开发网的精准定位，还是中华英才网的伯乐谷、视频招聘、职位订阅，实质都是在从信息的单向传播转向双方交流的过程中，让信息的保真性更高，信息的接受者和发出者之间的信任感更强。

06.

勇攀高峰，再造中华英才

人才理念重新塑造，网络招聘日新月异。该如何做，才能无愧于"中华英才"之名？

徐新一向头脑清晰，对自身的优势、困扰了然于心。在采访中，徐新做出了这样的判断："我们的强势，除了一心一意做互联网之外，还有销售的强势。我们800人有500人做销售。我们网站95％的人都是做两件事情，一个是看工作，一个是登简历。对我们来讲，销售十分重要，销售就是搞好服务，客户量多，求职者才会来看。

"我们品牌的知名度很高。现在你到大街上随便抓 50 个白领来问，如果要找工作，首先想到的是哪个网站，中华英才网肯定在里面，而且排在前面，这也是我们品牌和销售的优势。

"当然，我们不是最好的。但中华英才网在资本的帮助下，有希望成为最好的。事实证明，从 1999 年到现在，在几个关键数据上中华英才网的成绩都很好：销售成长速度是 180%，同行的前程无忧网是 55%。对手的核心销售团队都跑到我们这里来，而且中华英才网的品牌知名度也在慢慢提升。"

品牌与销售这两大法宝，让中华英才网实现了做大做强。但时间不等人，新的形势和挑战马上就要来临，网络招聘企业存在的问题也逐渐暴露出来。而这，就要考验带领团队的张建国：该如何做，才能让中华英才网勇攀高峰？

面前有难以跨越的高峰，身旁是强大的对手。旁观者很是好奇，中华英才网此时的心态到底如何。

张建国的心中十分平静。没有对手，这是张建国的心态；不看对手，这是张建国的作战风格。"你已经是第一了，不要老去回头看，这会影响你往前跑的速度。但是如果你始终注意客户的需求，你就永远会发现很多细节的不足。我们只是比较一下对手的各种数据是怎样的，这只是一个概念而已。我们的那些产品，比如英才招聘宝等，竞争对手从来没考虑过。如果我们老去看对手，就发现不了这样的产品。"

第四章

初涉管理：为中华英才打造"不败金身"

　　想要攀爬高峰，最重要的就是精诚合作。团队的紧密结合，则是精诚合作的第一要务。Monster 之所以看中中华英才网，就是因为这支团队的向心力和战斗力。张建国这样形容当时的场景："他看我的办公室，说并不是查财务报表，看你们有多少盈利之类的，就是看一下。'啊，这么简朴。'Monster 的人非常吃惊办公室的布置，觉得我们这些人是干事情的。后来又见到我们团队，更觉得有希望，这些人肯定能做成事情。"随后短短一个月时间，就把 5000 万美元巨资打到中华英才网的账上。

　　张建国对团队的管理十分严格："对一个企业来讲，应该有一套良好的组织体系，靠这个组织体系，可以让平凡的人变得很优秀。我不依靠某几个人，即所谓的天才。天才毕竟是有限的。而且天才之间会互相损耗，两个天才加在一起的话，还不如两个庸才。一个很好的组织体系，能把更多的人变得很优秀。这样，你的公司才可能强大，才有可能从一个亿到两个亿，到五个亿，到一百个亿，否则可能做两个亿就做不上去了，怎么做也上不去了。一定要解决这个跨越的问题。"

　　无论是谁，都不可能位于整个团队之上，团队永远是第一位。10年前，张建国还在华为做人力资源工作的时候，团队发展遇到了瓶颈，原来一起打江山的兄弟很难应对即将到来的新局面。为此，他做出了艰难的抉择："市场部集体大辞职。"如今，华为的强盛，与这种团队精神密不可分。而中华英才网的日益增长，连续两年增长率都超过100％，也被张建国归类为团队的力量："中华英才网的发展不光是人数的增长，还有管理层的形成，拥有了一个比较职业化的队伍。更主要的是，我们有一套好的管理体系和一套比较科学的计算机信息管理系统、数据系统和企业管理技术。"他自称，中华英才网的排名领先对手一年，管理上则领先两年。

产品和服务，是团队的竞争核心，也是新时代对网络招聘的必然要求。让客户自己在浩瀚如烟的人才信息中找寻结果的时代早已过去，用技术推进服务才是网络招聘的工作重心。为此，中华英才网从网易挖过来杨海，担任中华英才网技术副总裁，全力打造全新的求职搜索。同时，他们还与 Monster 进行全球战略合作，招聘代理、线上招聘、猎头服务和招聘黄页广告四项构成的全方位解决方案全面开花。2006年，中华英才网推出了新版的"找工作"。杨海在采访中这样形容新版搜索的特点："在新版搜索中，我们把便捷地搜索工作、准确的职位分类、个性化的求职服务和友好的求职体验放在了最重要的位置。一个招聘网站能够从发布招聘广告的厂商那里挣到钱，我们利益最终的保障源自求职者的体验，源自他们在我们网站可以顺利地找到工作。"

在搜索之外，中华英才网也没有忘记曾经的老本行——猎头服务。"英才网猎"就是这样一个针对新时代网络招聘特点而推出的猎头服务。和其他"猎头网"一样，英才网猎的主要目标也是"小猎头"业务，为 30 万元年薪以下的岗位和求职者进行服务。与其他"猎头网"不一样的是，英才网猎的后台大，借助中华英才网强大的网络资源，英才网猎很快就建立了一个拥有 5 万目标人群的简历库，且每天都会增加 500 份；"量大从优"的原则也在这里得到了贯彻，依靠海量的信息，中华英才网节省了大量成本，这让他们得以降低自己的服务费——相比于猎头公司动辄几万元的服务费，中华英才网高则几千元低则几百元的服务费让很多客户都能够接受。

张建国十分清楚，中华英才网到底具有什么样的竞争优势。他在采访中这样宣传英才网猎："猎头公司信息库非常小，由于不能做大规模市场推广，它永远不可能获得大量的中高级人才信息。"

在战略上，英才网猎专注于"小猎头"工作，而不涉足传统高端猎头所争夺的高端人才市场。由于缺少行业标准，猎头行业在当时显得十分混乱，从事猎头服务的高端人才稀少，像国外那样由大公司高管或资深 HR 负责的情况更是罕见。在国内，很多猎头公司更像是一家人力介绍所，提供针对性的专业服务。但是，同样由于政策限制，国外的巨头也无法进入中国展开业务，整个行业就像一个大焖锅。

定位的错开，行业的混乱，让传统猎头与网络猎头并行不悖。张建国深谙这一道理："对 CEO 之类的人才，一对一的传统猎头是主流，对中高级人员，'网猎'还是有它的存在空间的。三年以上工作经验、10 万元以上年薪、良好的工作背景的中高级销售、管理和技术人才，是我们产品要聚焦和定位的人群。"有资深人士认为，中国的猎头行业早已陷入衰败，需要重新洗牌才能焕发生机和活力，或许网络猎头的加入，会为这个古老的行业开辟出一块崭新的生存空间。

在大笔资金的支持下，中华英才网的产品和服务向着团队、服务和产品的提高全面飞升；在海量的职位搜索和专业的英才网猎的两极支撑下，一个新的网络招聘巨头已经初见端倪。

chapter 5

第五章

女王战绩:
今日资本与京东的"天作之合"

01.
今日资本的台前幕后

    2004 年，徐新已经年近四十。对于一般人来说，这已经是个可以安心做全职太太的年纪。而且，她的战绩也足够辉煌，网易、娃哈哈、永和大王等代表性案例让她声名鹊起，中华英才网的成功更是让她稳坐"风投女王"的宝座。

    在辉煌战绩的影响下，徐新也有了"创业"的心思。一直站在创业者背后，支持他们发展的徐新，这一次也要亲身扮演起"创业者"的角色。女人们热衷的服饰美容之类的话题徐新完全不感女王战绩：今日资本与京东的"天作之合"

兴趣，但是她跟创业者们讨论企业的成长和发展却常常不知疲倦。"这个职业真的给了我太多乐趣，否则我整天工作那么长时间多痛苦啊，现在我每天都很开心！"

在经过了长期的思考后，2004 年 6 月，徐新正式退出霸菱集团。此后，她作为中华英才网的董事长，为中华英才网找到了 Monster 这个重要投资者；为了让两家公司尽快整合，在 2005 年 2 月刚刚迎来自己第二个儿子出生的徐新产假都没休几天，就立刻投入了工作。

当时，在徐新的面前有两条可供选择的路：一是与一些知名投资品牌合作，这样就可轻松获得大量投资；二是创建独立的投资公司，而融资过程自然也要难很多。但徐新却无所畏惧："如果我们走第一条路，想独立至少也得七年之后，与其那样为什么不直奔目标呢？"

2005 年 9 月，今日资本正式创立。公司的合伙人团队共有 6 人，其中俞忠华等 3 人是早在霸菱时期就随着徐新"打天下"的原班人马，李明达是中华英才网从前的 CFO，温保马则是来自英联投资的一位拥有 10 年投资经验的老将。在徐新的带领下，这支 6 人团队每天都要在世界各国穿梭，平均下来每天要进行 3 ~ 4 场演讲加答辩，每次都要花费一两个小时。徐新印象最深的是有一次在一天之内跑了三个国家，到最后一场演讲的时候累得都快要失去激情了。

2006 年 1 月，今日资本终于融到了 7000 万美元的第一期资金。到这一年的 10 月，今日资本的"中国成长基金"已经达到了 2.8 亿美元的规模，且构成十分多元化，无论是英国政府投资基金（CDC）这样的政府基金还是陶氏化学退休基金这样的养老基金，都向徐新提供了融资。

　　"创业是一件很艰辛但非常光荣的事情，是证明自己的最好方法，所以我觉得每个人一生中都应该至少给自己一次创业的机会和经历。"创立今日资本正是徐新给了自己这样的机会。"中国的市场规模足够大，对创投业来说是个绝好的机会，所以我们想打造一个完全本土的资本品牌，专注于中国的市场和创业者，这也是我的一个创业梦想。"

02.
为京东雪中送炭

让我们先回到 2003 年。在这一年之前，京东已经是一家颇有影响力的 IT 连锁店，已经拥有了十多家店面。曾经因"站柜台"而被前女友家人嫌弃的刘强东，心中正怀着"像国美一样，在全国开 1000 家 IT Small Shop"的梦想，准备将京东商城继续做强做大。

可是，"非典"的到来，将他的梦想彻底击碎。疫情袭来，商城几乎连一个顾客都没有，短短 21 天他就亏损了八百多万元，占资金总额的三分之一；而员工的安全更是让刘强东寝食难安。在无奈之中，刘强东只得做出决定：关闭京东的所有门店，员工全部遣散回家。

门店关闭了，运营成本却还在。如何在来势汹汹的疫情中做到开源节流？怎么才能把手中的货卖给不敢踏出家门的人们？无奈之下，刘强东带着员工们注册了好几百个 QQ 号，在线上进行推销。令刘强东意外的是，推销的第一天，他们就成交了 6 笔生意。

几个月后，疫情开始得到控制，京东的门店也重新开张。但对这次危机仍然心有余悸的刘强东，却将目光逐步转向了线上市场。2004年，刘强东在经过深思熟虑后，终于做出了一个决定：关闭实体店，彻底转型为电子商务网站。

刘强东的想法很快便遭到了许多人的反对，六个部门经理中，四个人都觉得不可行。他们指出，京东的门店销售额占公司总销售额的90%，利润更是占到了 95%。转型，等于用 95% 的成熟市场去赌 5%的不确定市场。这样的"赌博式转型"，风险实在太大。

但刘强东决心已定。当时，"阿里帝国"已经初具雏形，阿里巴巴、淘宝、支付宝纷纷上线，在社会上产生了巨大影响。即使国美凭借线下连锁模式销售额一路上涨，刘强东也还是断定：电子商务才是京东的未来。这天，刘强东与六个经理开会开到凌晨 3 点，才终于争取到他们的支持。

对于当时的京东来说，做电子商务几乎可以算是从零开始。每天，员工们都只能坐着刘强东的老款红旗车去中关村批货，连一辆货车都买不起。而这样的日子，持续了整整一年。想要扩张，想要做大，想

第五章

女王战绩：今日资本与京东的"天作之合"

要转型……这一切的梦想，都在"钱"这个字上止步不前。没有资金，电子商务也只能是空谈。

可是，钱从哪儿来呢？刘强东找到了当时国内最大的彩色玻壳生产商安彩集团，获得了500万元的投资。可是好景不长，安彩集团由于各方面的失误，竟然落到了破产的境地，先期投资的150万元也不得不收回。这对于志在扩张的京东来说，无疑是当头一棒。如果不能尽快找到投资人，刘强东势必将面临更大的困境。

就在此时，一个难得的机遇来到了刘强东面前。一天，刘强东的一个朋友向他介绍了在业内已经小有名气的今日资本。对于风险投资，刘强东十分陌生；但对于今日资本和徐新，他却是早有耳闻。

于是在一天夜里，刘强东和徐新见面了。对于刘强东，徐新早已进行了多次调查，素来重视企业领导者个人素质的她，对刘强东的经历十分欣赏："我花很多时间寻找那种'杀手级'的创业者。我第一次见到刘强东的时候，他的电脑上写着'只有第一，没有第二'。刘强东大学就开始创业，我觉得大学就创业的人，通常不是名利心驱使，而是他天生就是个创业者，而且大学创业的人第一要有点胆量，第二要管几个人，要有管理能力。"

两个人从晚上10点一直谈到次日2点。在这4个小时中，两个人相谈甚欢。为了说服徐新，刘强东还把京东的后台数据给徐新看：年销售额5000万元，每月业绩增长10%，广告投入不多，客户却不少。这更是证明了京东很受客户欢迎，潜力很大。而作为京东"头号客服"的刘强东，每天都在网站上回复用户，这也足够证明刘强东的用心。

在经过 4 个小时的商谈后，性格直爽的徐新便直接问道："你要多少资金？"第一次接触风投的刘强东心想，自己并没有什么底气要太多的投资，于是试探性地回答道："200 万美元。"谁料，徐新却直接说："200 万美元哪儿够，给你 1000 万美元。"

当时，刘强东心想，一般来说投资人不会仅凭 4 个小时的交谈就立刻决定投资的，而自己必须要在焦虑之中继续等待。但是，徐新可绝不是什么"一般"的投资人。她看中了刘强东的性格特质，觉得这个人就是自己想要找的"杀手级"的创业者；如果因为一些意义不大的流程耽误了一次重要的投资机会，那就得不偿失了。于是，在会谈结束后的第二天，徐新就马上带着刘强东到了上海，签订了基础协议。

协议一签完，徐新立刻给了刘强东 200 万美元作为首批贷款。要知道，通常情况下只有签订正式协议后，投资人才会掏钱。但徐新心里想的则是：让刘强东放下融资这块心中的"石头"，全力经营企业。

在这次融资过程中，徐新还发现，刘强东是个"倔脾气"。对于安彩的投资，徐新早就有所耳闻，为了确保万无一失，她便要求看一下京东与安彩签订的合同。可令她没想到的是，刘强东义正词严地拒绝了她，表示合同必须保密，不能被任何第三方看到。

事实上，那时安彩已经正式提出要收回已经使用的一百多万元资金，而这就意味着安彩单方面违约。"那个时候，我心想，他坚持不让我看合同，是不是里面的条款有'卖身'性质呢？可我最终还是决定尊重老刘，我相信自己不会看错人。"虽然徐新这样想，但出于风投人与生俱来的谨慎，她仍然需要理性地做出一些降低投资风险的举动，以避免万一合同中出现不利条款后影响投资。

最终，她想出了一个两全其美的办法，就是与刘强东约定好，只让投资方的律师查看合同，并保证今日资本绝对不会在事后修改投资协议的内容。而这样的"保证"，恰恰就是刘强东最想要的承诺。

对于刘强东来说，不让徐新看合同，一方面是尊重投资人，一方面也是不想让徐新看到合同中一些苛刻的条款；更何况京东对安彩的要价也比今日资本便宜。对于融资，刘强东仍然只是个"菜鸟"，在安彩破产事件之后，他必须尽可能地进行自保。

经验丰富的徐新又怎会看不透刘强东的这点"小伎俩"呢？只不过，出于对刘强东的信任，徐新便在做出绝不反悔承诺的基础上，提议让她的律师看合同。对此，刘强东欣然答应。

在确认合同没有问题后，她马上帮助刘强东贷款200万美元，一方面还钱给安彩，一方面用于支付工资。她推断，在安彩撤资后，京东已经没有资金支付员工工资了。而这，也正是刘强东最急需却又难以开口的问题。

就这样，在徐新的1000万美元帮助下，在短短几年里，让京东从连一个会计都没有的小公司摇身一变成为行业领导者，而投资人徐新将这一切归功于"专注"，她说："别的投资人一年投三个，我们可能三年才投一个案子。我们非常专注，只投消费品品牌、零售连锁、B2C。我们花很多时间在选'赛道'上。我们要找到品类的开创者。"

03.
野蛮生长，助推京东开疆扩土

在徐新的雪中送炭下，京东顺利地摆脱了资金困境，继续开始转型。有了徐新的支持，刘强东也显得越来越"野蛮"——他把资金大笔投入京东的各方面建设上，且步子越来越快，越来越"野蛮"。为了让京东迅速成长起来，徐新在投资时，还和刘强东签订了一个内部"对赌协议"——刘强东确保在拿到钱后的前三年，实现业绩 100% 增长。结果，刘强东做到了 200%。

既然要"野蛮生长"，资金就一定要充足。

很快，第一次投资的 1000 万美元就用完了。正巧在此时，全球金融危机爆发，正在筹备自建物流体系的京东受到了巨大的压力。京东想要继续高速增长，可是金融危机却让投资者们不敢太过鲁莽。这时，徐新再度出手，在 2009 年 1 月，向京东追加了 2000 万美元投资——当时金融危机过后，这是电子商务公司的第一笔融资。

有了 2000 万美元，刘强东又可以放开手脚了。他大力建设京东的物流网络，到了 2012 年时，京东已在全国 25 个城市建有仓储中心，囊括了 360 座核心城市、6 大物流中心、850 个配送站点和 300 个自提点。从此，曾经单薄的京东开始壮大起来。

而徐新也继续扮演着"幕后的支持者"的角色。有人曾经说，如果徐新退出，不仅风险可以降到最低，回报也会相当丰厚。而徐新斩钉截铁地说："我们会长期持有，不着急上市。即使上市，也会一直拿着。"这与刘强东的"野蛮"比起来，只能说徐新的脾性有过之而无不及。

在中国的投资市场，常常会出现各种声音。京东有幸遇到了做事雷厉风行的徐新，而其他企业可就不一定有京东这样的好运了。就算获得了投资人青睐，拿到了钱，在运作过程中和投资人翻脸，甚至闹出不可调和的矛盾，导致最终破产的例子屡见不鲜。为此，徐新的每一次出手看似大胆，其实背后都是有着极其详细缜密的调查结果支持的。在这方面，她十分认同"股神"巴菲特的投资理念："长期持有是赚钱的法宝，我认同巴菲特的价值投资理念，选择一家好的公司，并长期持有。"而京东，便是那家可以让她长期持有的"绩优股"。

第五章

女王战绩：今日资本与京东的"天作之合"

　　为什么徐新如此看好京东？除了刘强东个人所拥有的领导者品质外，京东的 B2C 模式也是徐新十分关注的。她非常看好国内的电子商务市场，在一次与京东联合举办的发布会上，她曾这样分析：目前市场上所谓的电子商务发展瓶颈，例如物流、信誉等问题基本都得以解决，而中国庞大的消费群体就是电子商务公司得天独厚的发展条件。"我没有理由不看好这一市场。"

　　2014 年，京东开始了上市之路。1 月，京东向美国证券交易委员会递交了拟上市的登记表格。3 月，腾讯斥资 2.15 亿美元，收购京东 3.5 亿多股普通股股份，占上市前在外流通京东普通股的 15%，并与京东签订了电商总体战略合作协议。4 月，京东分拆为两个子集团、一个子公司和一个事业部，具体的分拆方式是：京东集团下设京东商城集团、金融集团、子公司拍拍网和海外事业部，京东创始人刘强东会担任京东集团 CEO。5 月 22 日，京东在美国纳斯达克挂牌上市（股票代码：JD）。美国也迎来了中国最大的赴美 IPO。到当日收盘时，京东的市值达到了 260 亿美元，成为仅次于腾讯、百度的中国第三大互联网上市公司。

　　上市之前，京东的一些操作曾经引起人们的质疑，如发行价定为 19 美元，只发行 10% 股份等。有人怀疑，京东的资金运作出了问题。对此，刘强东坚称："公司现在现金状况是很好的，有三十多亿美元的存款。"通过 IPO 又获得了钱，所以才不像其他公司那样拿出 20% 去发行。他认为发行 10% 足矣。而定价 19 美元，则是为了给投资人更大的利润空间，让投资人赚到钱。刘强东表示，即使京东定价 20

美元，也一定能发售出去。

对于上市后融来的资金使用问题，徐新也曾询问过刘强东。刘强东回答说，资金将用在三个用途上：第一是使用一部分资金开拓三线以下城市的市场；第二，京东的金融技术还有待升级，并且今后京东的生鲜自营市场，从北京覆盖到其他城市；第三，京东还会瞄准国际业务，但不会冒进，不会盲目在世界各国进行投资。

有人质疑：刘强东占有企业 87% 的投票权，新加入的股东几乎没有话语权，这是否不利于京东的发展？对此，徐新认为，如今的京东正行驶在业绩高速增长的快车道上。任何一家创业公司都希望将精力放在业绩增长、改善问题和用户体验方面。那么，创始人拥有绝对话语权对公司并不是坏事。将全部精力专注于企业的发展的领导者，才是最值得投资的领导者。

04.
再谈刘强东：京东的未来

无论外界如何质疑，京东还是顺利地上市了。但是，互联网的迅速发展远远超出人们的预期，每天人们的购物习惯都有可能发生变化，每天都有大量的投诉、问题需要电商公司解决，每天都有各种规模的电商公司面临着发展前景差甚至亏损的困境。为此，有不少电商开始转型为"线上＋线下"的双重发展模式，为的就是追求业绩稳定。

不过，对于投资人来说，电商的市场依旧广

阔，依旧值得他们去投资。除了徐新投资京东外，还有 KPCB（凯鹏华盈）投资了 PPG（网上衬衫销售商），NEA（全国教育协会）和北极光机构投资了红孩子（母婴用品网上商城），何伯权投资了九钻网（网上钻石珠宝销售商）等。这说明资本家们对电子商务模式和市场潜力依旧看好。而数据也证明了他们的判断是正确的：至 2014 年 6 月，中国互联网络信息中心 CNNIC 发布的《2014 年中国互联网最新数据》显示，我国互联网网民比例高达 44%，互联网普及率高达 46.9%，通过网络查找商品的用户比例高达 85%。在未来，增长势头会更加乐观。

作为第三大互联网企业，京东的"纯线上"模式无疑是成功的，而徐新也表示会不遗余力地支持他，包括支持刘强东的"纯线上电子商务模式"。徐新认为，纯线上模式才是电子商务的真正本质。正如刘强东所言："这才是真正的电子商务公司未来的发展方向！"

而作为持有京东 7.8% 股份的股东，徐新的投资早已获得了超过百倍的回报。为什么徐新能够在京东面临资金困境，电商方兴未艾之际选择京东？为什么京东就能为徐新带来超过百倍的回报？"风投女王"的名号越来越响亮，究竟是什么样的"魔法"，让她的投资能够"点石成金"？

对于这些问题，徐新也在一些采访中给出了自己的答案。

2008 年，可以说是京东最危险的一年。正在扩张的京东，却碰上了汹涌袭来的金融危机。各大公司自保都难，别说融资了。所以，此时不管你眼光再好，做什么项目，风险都很大。徐新就指出，当时正处于"野蛮生长"的京东就面临着资金短缺的困境，有人出去跑融

第五章

女王战绩：今日资本与京东的"天作之合"

资，本来估计能融到 2 亿美元，结果投资人来了不少，却没一个愿意投资的。徐新觉得，金融危机面前，投资人的心态也变了，不敢轻易出手。为了找钱，京东只能不断降价，从 2 亿美元到 1.5 亿美元，再降到 8000 万美元，还是没人肯融资。最后，他们好不容易才谈了一个投资人，京东一路让步，从 8000 万美元降价到 6500 万美元，再降到 4500 万美元。刘强东有些不满意，但在徐新认为，刘强东创业之初，卖多少钱并不重要，赚多少钱才是要紧事。可是，投资人却在敲定合同前夕再次变卦，通知只能拿出 3000 万美元。这次，连徐新都火了，不仅一而再再而三地砍价，还要在合同商定前单方面变卦，这已经是态度问题了。即使再怎么缺钱，这样的人也不值得合作。

经过这件事之后，徐新如此玩笑地形容刘强东："老刘的头发前面总有一撮就是白的。"话说回来，最艰难的时期都度过了，后面还有什么大风大浪能把刘强东压垮？

在徐新看来，刘强东是个十分"强势"的领导者。但她不仅理解，而且十分欣赏这种强势："搞零售的老板没有不强势的。我看过亚马逊创始人的传记，你看贝索斯多强势？像架构调整这种事，刘强东就完全不需要我们同意，人事权就应该由 CEO 做决定。像与腾讯合作、国际化，这种大事他会征求我们意见。意见不同的时候，我们自己的态度是企业家说了算，大家把风险量化，即使失败了，不用倒闭，在这种情况下就大胆向前走。"

她还特别强调了投资人要相信创业者："我的理念是创业者是红花，投资人是绿叶，业务方面还是企业家说了算。对于公司发展的决策，如果他都不如我们，那这个人就是不能投的，既然投了就要相信他。投资人越俎代庖的事情我很不认同，毕竟创业者是在前线打仗，他都不知道怎么做你投他干吗？我觉得一个企业家最重要的是要有洞察力，要有眼光。他要能看到别人看不到的东西，他要能做很多很艰难的决策，真理往往掌握在少数人手里。作为投资人，既然投了，就要相信他，并且坚持下来。"

在刘强东的"强势"和徐新的大力支持下，刘强东做对了三件事。

其一是开拓新品类。京东从前是依靠 3C 数码产品起家，这类产品价格较高，而且非专业人士很难一眼辨别产品是否存在问题，因此很多用户不敢轻易购买。但图书不一样，价格不算高，也很少出现质量问题，只要用户看到合适的，就可能立刻下单。尽管顾客在京东只买了一本书，可京东的配送非常快，服务一流。那么，这位顾客很快就会购买京东其他的产品了。

其二是斥巨资做仓储物流。对于这一点，京东的主要竞争对手阿里曾明确表示"不做"，而刘强东则发现七成以上的顾客对普通物流配送员都不满意。于是，刘强东抓住了没有竞争对手的机会，坚持做仓储物流。一个新项目从立项到开发再到正式运营，前期往往是不赚钱甚至亏钱的。要想形成良性循环，高效运转，通常要先养活这个项目一段时间。市场好点的城市养半年，不好的要养个两三年都有可能。这既需要领导者拥有坚定信念，又需要投资者给予足够的支持。而在这点上，刘强东做到了，徐新也做到了。

其三是企业建设。在投资之初，京东甚至连一个正式的会计都没有，新来的财务总监还需要徐新帮忙负责一半工资。此后，在徐新的帮助下，京东连续招来十多位高管，管理公司各方面的事务；而刘强东则在每天的例会中听取高管汇报。但随着公司越来越大，刘强东的工作量也越来越大，效率也越来越低。很快，刘强东便发现了自己管理中的弊病，而将权力下放，赋予高管们更多的权力。在管培生方面，从前每到一个公司，徐新就会向创始人提出建立管培生制度。但是，只有刘强东马上就实施了。而这些管培生，也成了京东发展的中坚力量。

05.
让"天作之合"不再"稀有"

　　从苦苦追寻融资到意气风发地上市，徐新敏锐地察觉到，刘强东变了，变得更加冷静了。在京东正式上市前，徐新曾询问刘强东有什么感受。令徐新大感意外的是，刘强东并没有激动，也没说"要把京东做成中国最赚钱的电子商务公司"这类大话。他甚至老早就对投资人说，今年不会盈利，明年也不盈利，要看以后的发展情况。在徐新看来，这才是对投资人负责任的态度：眼下股价多少并不重要，重要的是谁能笑到最后。

第五章

女王战绩：今日资本与京东的"天作之合"

投资人和创业者的关系，一直是个令所有人都犯难的问题。资本就像是一把"双刃剑"，正如投资人和创业者的博弈关系一样。关于合作，徐新深知其中的道理，创始人和投资人之所以能走到一起，通常是因为找到了"共同利益点"。因此，在合作之初，二者总是亲密无间的；但在投资人驱动着创业公司前进后，创业者就要考虑一个问题：要么卖掉公司的部分股权，要么自己坚持着独立。

并非每个创始人都能认清自己与投资人的关系。有人会想，我虽然今天拿了你的钱，未来做好了还要给你更多的钱，这跟高利贷有什么区别？还有人会觉得，投资人的要求大大超出了企业能做到的范围。结果，在不断争吵中，二者分道扬镳。

类似的事情比比皆是。到底是什么，让投资人与创业者的"天作之合"变得如此艰难？

比如曾经令人瞩目的 MySee 网。2005 年，高燃和他的清华大学同学们一起创立了 MySee，并获得了远东控股集团董事长蒋锡培的 100 万元投资。第二年，Mysee 又获得了北极光等风投机构共计 200 万美元的投资。但是，高燃烧钱的速度远远超出投资者们的想象——每个月公司都要花掉一百多万元，单是办公室装修就花了上百万元，而网站赚钱的速度却远小于烧钱的速度；更令投资者们反感的是，他花了太多的钱用于包装自己，而不是包装网站。最终，在投资者们的强烈反对下，高燃于 2006 年辞去所有职务，黯然离开；而网站也在两年后彻底关闭。

酷讯网也是创业者遭到"出局"的一个典型案例。创始人陈华在

2006 年初获得了美国风投机构的 200 万美元投资。同年 9 月又获得了两家基金公司的 1000 万美元投资，2008 年中旬，陈华宣布酷讯网即将转型——由生活搜索转型为旅游搜索。但投资人们几乎都不看好这一计划，认为这是大事往小里做，而这两名创始人希望是将"生活搜索"大的概念落实到更垂直细分的领域。最终，在金融危机的汹涌浪潮中，陈华在董事会争夺中失利，黯然出局。

像这样的案例可谓是数不胜数。回顾这两个案例，我们可以发现：问题都是出现在投资人和创业者理念不合上。如果经营理念不同，就很容易导致利益冲突，继而谈崩。上述两个失败合作案例中，大多是因为创始人在公司运营过程中，暴露了种种问题，如一味地烧钱，难以盈利，投资回报不成正比，等等。

但徐新和刘强东则没有这种问题。在刘强东的强势下，徐新没有选择做甩手掌柜，因为那是对自己投资的不负责任。她知道，一个好的投资人，就应该做到与创业者默契合作。

在京东之前，聚美优品、途牛等电商早已实现了赴美上市。但京东的上市无疑将赴美上市推向了高潮。无论过程如何艰辛，结果总是好的。纳斯达克首席执行官鲍勃·格雷菲尔德在京东上市仪式上说："京东是中国最具创新能力的公司。"

上市的成功，也意味着徐新和刘强东的个人财富激增。徐新在接受《证券日报》采访时说道："今天的心情非常激动，我们投资京东八年，回报率一百多倍。京东是我们所有投资项目中，回报率最高的。我们的限售期是六个月，但是我们并不打算抛售，我们计划长期持有，且不排除增持。"而京东金融集团 CEO 陈生强更是半开玩笑地对徐新说："你这次挣的钱，几辈子都花不完了啊。"

刘强东还是一个十分重视家乡情的人：他曾在老家宿迁直播上市仪式，并将京东云计算中心落户宿迁，为当地老乡提供两千多个就业岗位。在这一点上，他与自己的一位宿迁老乡——"西楚霸王"项羽倒是有几分相似；而宿迁人也常常把他和项羽相提并论。对于这种相比，刘强东则十分谦虚："我觉得没有任何可比性，我们之间相隔了几千年，时代不一样，只能说可能会有一些个性上的相同，这一点也算是宿迁人的共性，大家都比较重情守义。"回馈乡里，这在互联网大佬中并不多见，而徐新对这一点更是十分赞赏。徐新坚信，他们的合作一定不会沦为"稀有之事"，而是带着彼此的信任将合作进行到底！

chapter 6

第六章

相濡以沫：

做"红娘"的丈夫和做"女王"的妻子

01.
风投起家，最终却成为"红娘"

　　熟悉李松的人，都会产生这样一个感觉：比起企业家和创业者，他更像一个"学者"。的确，李松最初的愿望本就是个学者。1984年，李松来到美国康奈尔大学就读分子遗传学专业。远渡重洋来到美国的李松，虽然怀着"学者"梦想，但在经过一段时间的学习和实验后，他发现：自己并不喜欢生物学太过繁多的实验。"我的动手能力低下，太不适合做分子遗传学这种实验性科学了。"于是李松转攻金融，先到哥伦比亚大学

相濡以沫：做"红娘"的丈夫和做"女王"的妻子

拿到了金融学博士学位。带着哥大金融博士这块金字招牌，他顺理成章地进入了贝尔斯登、J.P. 摩根、摩根士丹利等知名投行，并先后担任贝尔斯登债权部副总裁和摩根士丹利亚洲区执行董事。

年纪轻轻，便进入摩根士丹利这样的顶级投行担任高管，李松的人生可以说是一帆风顺。但他自己却依旧不满意这样的人生：他所希望的，是拥有自己的事业。于是，他做出了一个惊人的决定：离开摩根士丹利，回到中国开始创业。

如果说从生物学者转向金融高管是"弃暗投明"，那么放弃令人艳羡的"金领"工作去辞职创业，可就不能说是什么"合理"的选择了。很快，李松便遭到了家人和朋友的激烈反对：没有人会放弃投行高管这种"金饭碗"，而选择前途未卜的创业。

但李松却坚持自己的决定。最初，用李松自己的话说，他很蠢地想做一家基于互联网的"大中华地区影视明星经纪公司"，但很快他就发现这个模式根本不成立。2001 年，李松与四个创业伙伴一同创办了国内最早一批移动增值 SP（Service Provider 的英文缩写，即服务提供商）公司讯龙科技。经过两年的艰辛创业，讯龙已经拥有了220 万用户，月收入达到 1200 万元人民币，同网易、腾讯同处于无线市场的前三位。又过了两年，李松决定将讯龙以 2400 万美元的价格出售给新浪，而这也是新浪无线业务的由来。

2004 年，因"非典"休息了一年的李松，在深圳同时创办了从事移动音乐下载业务的美思科技和交友社区"第三空间"。第二年，他创办了以音乐为主题的社交网络丫客网，又将收购的两个交友社区与"第三空间"合并而创立了相亲网站珍爱网。创建之初，丫客网颇有影响力，每天都会产生大量的流量；但在运行一年后，李松却发现：很多丫客网的用户名为分享音乐，实际却是借分享的机会在网上互动交友，而这又与珍爱网的发展方向不谋而合。"这对我有了启发，也让我最终选择做互联网婚恋行业。"于是，李松果断地关闭了丫客网，而将它的财务资源转移到珍爱网上。

此后，李松又开始了自己的"第三次创业"。"不安分"的李松，又创办了嘀咕网，作为对移动互联网 LBS（是一种基于位置的服务，指通过电信移动运营商的无线电通信网络或外部定位方式，获取移动终端用户的位置信息，在 GIS 平台的支持下，为用户提供相应服务的一种增值业务）的试水。对此，他自己半开玩笑地说："没办法，兴趣点太多，做事不专注。"目前，由于纯 LBS 的天然瓶颈，嘀咕网已经转向为手机照片分享服务。

在李松的三次创业中，最令他成功和骄傲的，还是珍爱网这家中国最大的"红娘网站"。其实，在珍爱网创业之初，由于全国婚恋网站多达几十家，为了在竞争中存活下来，大家都不得不通过提供免费服务的方式招揽顾客。对于互联网企业来说，如果不能变现，就意味着无法存活。

该如何变现？李松想了个点子。他让客户先在网站注册填个人资料，然后由自己培训的红娘通过电话为客户提供相亲匹配服务，于是珍爱网有了"网站注册＋电话红娘服务"的独特模式，少数的客户开始付费，珍爱网因此成为中国第一家收费的"电话红娘相亲网站"。

第六章

相濡以沫：做"红娘"的丈夫和做"女王"的妻子

　　在一次采访中，李松自己也承认："创业初期的五年很难收到钱。"但机会很快便到来了。2010 年，江苏卫视制作以相亲为主题的《非诚勿扰》娱乐节目，珍爱网积极主动参与，获得的回报是在女选手前面放置印有她在珍爱网上的 ID 的名牌以及男选手上台时主持人口播推荐珍爱网的品牌名。结果，《非诚勿扰》一炮走红，一度成为中国收视率最高的真人秀娱乐节目，珍爱网也随之大红大紫。

　　李松立刻意识到这是一个千载难逢的机会，便立刻在地铁、公交车、出租车上通过地毯式的广告加大珍爱网的曝光率。而正处于蓬勃发展的互联网支付，则让网站会员的付费也变得十分方便——这就为珍爱网收取会费提供了巨大便利。随后，李松又新增线上自助约会平台以及在全国开设了红娘提供面对面服务的相亲直营店。

　　新模式带来的明显效应是，珍爱网全国拥有注册会员近 1 亿人，每天都在以新增 4 ~ 5 万会员的速度发展。而这也让珍爱网成为名副其实的"中国第一婚恋网站"。尽管如此，李松说，自己还一直在创业的路上，目标是希望能成就天下姻缘。

02.
创业艰难，"贤内助"成就李松

徐新曾问过正处于互联网寒冬困境的丁磊，为何到了而立之年还不结婚。其实，这个问题也同样适合她自己——从 1988 年到 1998 年，最宝贵的 10 年青春，她都用在了工作和事业上。10 年间，她完成了营业员到会计师到风投者的三级跳，既抗击过金融风暴，也拯救过多家企业。早已过了而立之年的徐新，究竟该情归何处？

诚然，作为一个优秀的风投者，不可能有太多时间照顾家庭。每年，她都要用 30% ~ 40%

相濡以沫：做"红娘"的丈夫和做"女王"的妻子

的时间在外面跑，在公司忙。虽然金融危机平稳度过了，事业也成功走上正轨；但随着项目逐渐增多，她只会越来越忙。到时，家庭一定是会被忽略和牺牲的部分。未来的另一半，是否能接受她的工作方式？

从事风投的女性本来就少，像徐新一样成为"女王"级别的风投"杀手"就更少了。在工作中，徐新很少提及自己的性别，是因为她觉得凡事理智第一，情感第二。即使这次处理的是情感问题，也不能感情用事。

正像投资一样，徐新不会消极地等待机会出现，而是积极地寻求最适合自己的那个人。平时，她从企业领导者的角度考量自己所遇到的人们；这一次，她要换一个标准。

1999年，徐新终于找到了那个值得托付的人——当时尚在摩根士丹利工作的李松。在徐新看来，李松富有学者气息，而且有着共同的话题——融资。按徐新的话说，李松"融资很厉害的"。而已经是一位成功人士的李松也十分钦佩这位在风投界独自打拼的"重庆妹子"，并在事业上全力支持她的决定。性格和事业上的契合，使徐新没有经过太多的波折，就和李松走到了一起。

那时，李松已经对金融感到厌倦。"当时对做金融已没什么干劲了"，李松说，一旦整个工作没了激情，再高的薪酬也无法让自己开心。于是，他决定离开摩根士丹利回国创业。对于这一决定，徐新十分支持，还甘愿与他一同从昂贵的半山别墅搬到一座名为"琼峰阁"的老公寓。他当时对妻子说："都怪我，现在我们沦落到要住到这个'穷疯阁'来了。"没想到妻子说出了一句让李松十几年后回忆起来仍然很感动的话："老公，没关系，就是因为我们现在已经都'穷疯'了，所以今后的生活只会比现在好的。"

在徐新的支持下，李松开始了自己的创业之路。他在寒冬中站街卖票，笑称自己的工资"连家里开销都不够用"。但在创业失败后，徐新总是能及时为他出谋划策，与他一同分析失败的原因。最终，李松终于在网络社交上找到了突破口，使珍爱网成为中国最大的婚恋网站。对于两个人的创业投资，徐新笑称："我们觉得我们的贡献很大，一个是找工作，一个是找对象，一生中你还要找什么？"

03.
婚姻与投资："投资前要约谈创始人老婆"

婚姻，对于总是被人戏称为"红娘"的李松来说，是每日工作的重心。而对于徐新来说，"婚姻"也是一个绕不开的话题。不过，李松关注的是结婚，徐新关注的则是离婚——创始人一旦离婚，往往意味着企业股权结构的巨大动荡，这就可能造成投资人的损失。在这方面，徐新曾经有过多次深刻的教训。

第一次教训，是土豆网创始人王微的离婚

案。2007 年，土豆网获得了今日资本参与的 1900 万美元融资。当时今日资本掌门人徐新说："土豆网是今日资本投资的十几家公司中唯一没有收入的，是真正的高风险、高回报。但我们愿意养它三年。"她认为，土豆网开创了视频网站广告盈利模式的先河，因此完全具有独立上市的可能。

一开始，土豆网也没有让徐新失望。2010 年 11 月 10 日，土豆网向美国证券交易委员会（SEC）递交了上市申请，拟以红筹形式赴纳斯达克上市，最多融资 1.2 亿美元。按照预想，土豆网本应先于竞争对手优酷上市，在竞争中取得先机。

但令所有人都没想到的是，王微的妻子杨蕾的一纸诉状却将土豆网的所有计划全部打乱。就在申请上市后没多久，杨蕾代理律师周忆向法院提出，对二人婚姻存续期间财产进行分割；并申请将王微名下公司股权，进行诉讼财产保全。

这场官司持续了足足一年，最终以二人达成调解，王微补偿杨蕾 700 万美元而告终。但是，这场官司对于土豆网的影响，可谓是"毁灭性"的。2011 年，土豆网重启 IPO，却不幸遇到了美国股市的"冰河期"，上市首日股价就下跌 12%。最终，"一步慢步步慢"的土豆网，被缠斗多年的老对手优酷吞并。

第二次教训，则是赶集网创始人杨浩然的离婚案。同样是准备上市，同样是要抢在竞争对手之前占据有利位置的互联网企业，杨浩然的离婚案更为漫长。先是夫妻二人在美国办理离婚，随后前妻又起诉杨浩然转移资产，而杨浩然也以婚姻关系无效作为应对。这场官司可

第六章

相濡以沫：做"红娘"的丈夫和做"女王"的妻子

谓旷日持久，从美国打到中国，持续时间达数年之久。

最终，由于这场婚变，赶集网的三位高管相继辞职，上市的梦想也最终化为泡影；更致命的是，竞争对手58同城在第二年成功上市，很快就扩大到2倍于赶集网的规模。2015年，赶集网与58同城合并。

两次失利，为徐新带来了极大压力，网上甚至出现了徐新将在今后的投资中要同公司创始人的配偶进行访谈的传言。对此，徐新也只能苦笑："谁也不能保证你访谈完了就不会出现问题，也不能保证能白头到老。"

那么，作为投资人的徐新和作为创始人的李松，又是怎么处理这样的问题的呢？答案很简单：不投。李松就曾这样说过："大家问，你太太做投资，你做企业的，不是很多便利——实际上，我太太管理的钱是别人的，她一定不能投我们企业的，这里有严重的利益冲突。另一方面，其他机构投资者与我太太的今日资本，是竞争关系，他们投资我的话，那也很奇怪。"李松吐槽说，"大多数情况下，人家不知道我太太是徐新，可能还更方便。"

04.
"空中飞人"和"好妈妈"

在世人面前，徐新是"风投女王"，李松则是IT大佬。但在家庭中，二人又是什么样的呢？

作为商界的精英人物，两个人每天都要为工作而奔波于全国乃至世界各地，因此他们并没有多少留给家庭的时间。但他们的生活质量却很高。每周，两个人只能在周末见面，与家人共同享受温馨的生活；等到周一与团队成员开过一个简短的会议后，徐新又开始了自己作为"空中飞人"的生活。

第六章

相濡以沫：做"红娘"的丈夫和做"女王"的妻子

看起来，徐新忙碌于工作，几乎无暇顾及家庭；实际上，徐新的家庭生活却是悠闲而富有趣味的。在工作中，徐新是"风投女王"；在家庭中，徐新又变回了当初那个总是把企业管理挂在嘴边的重庆女子。"在家里很多人都是谈家里的事，我们俩在一起全谈好像跟家没什么关系的事儿，我说本土的企业家厉害，他说海归厉害……我们俩经常为这个事情争半天。"不知是李松学者外表下隐藏着一颗争强好胜的心，还是受到本就有如此性格的徐新的影响，反正对徐新来讲，生活一直如此。就像当年，徐新在家里总是缠着父亲聊生产、管理、公司；如今，生意经搬到了新家里，生产生活二合一，夫妻二人携手前进，没有后顾之忧，当然是驰骋沙场。

对于自己的两个儿子，徐新由于工作繁忙，并没有多少与他们相聚的机会，而他们也往往和自己的外公外婆住在一起。后来，徐新在上海定居，但家庭相聚时间少的状况，一点也没有改变。为了辅导儿子们，徐新特意请来了两个具有大学本科学历的保姆，负责照顾他们。"我跟儿子待在一起的时间虽然不长，但我们母子关系仍然非常亲密，因为我总能让他们非常开心。"徐新心里也有着愧疚。

徐新十分重视对孩子的教育，即使自己总是忙于工作，只要有机会，她就会尽可能地陪着自己的儿子。在香港时，她就坚持每周飞回香港，陪儿子们爬山、练琴，周末还可以看看电影，为儿子们讲讲巴菲特这些顶级投资人的故事，有时间还会全家一起出国旅游。

她对自己的孩子的未来十分期待。虽然，她希望自己的儿子能成长为创业型的人才，但也不介意他们追逐自己的梦想："其实将来他们自己没准儿希望做科学家，或者做个厨师到法国去生活，不会受我们控制。"但徐新相信，孩子们生活在这样一个创业气氛浓厚的家庭中，一定会受到熏陶和潜移默化的影响。

见多识广的徐新并不看重死板的教育，因此也不会要求儿子是否拥有很高的学历。她关注的，是人的整体素质，比如思维能力、社交能力。如果儿子将来要选择创业，徐新笑称，她已经为两个儿子都准备好了"创业基金"，为他们每人提供三次创业的本钱。如果儿子大学毕业后就开始创业，那么"一次创业是否成功，两年时间就可以验证。就算三次都失败了，到时他们也不过 28 岁，再选择给别人打工也还来得及"。

chapter 7

第七章

再创辉煌：
投资就要放长线钓大鱼

01.
益丰药房：拒绝"赚一票就走"

2005年，今日资本创立时，徐新做的第一件事，便是召集所有合伙人开会。会议开了三天三夜，最终定下了三个投资领域和三个投资目标。随后，她才率领着合伙人出去融资，使第一期资金达到了2.8亿元。

第一个目标，如今早已超额完成任务。最为成功的京东赚了一百五十多倍（而且几乎可以确定还会继续增长），一些传统行业的投资如益丰大药房的收益也超过了8倍。

第七章

再创辉煌：投资就要放长线钓大鱼

第二个目标，今日资本要打造 8 个行业第一。"现在我们只有 7 个，有一点点小遗憾。不过，只要投一个上市公司就能把这个捡回来，我们现在还有钱投上市公司。"徐新说。纵观第一期基金投资的 15 个案子，去掉一些小案子，有 7 个企业已经变成了行业级品牌。打造行业第一品牌，比赚钱更让我们爽。"

第三个目标，平均持有五年，实现 5 倍收益。今日资本的很多项目都是 2007、2008 年投的，算起来投资回报早已不止 5 倍，现在平均可以达到 15 倍。

自从投身于风险投资行业，徐新就确立了两个关键的信念：第一，打造一个优秀的品牌；第二，长期持有，拒绝"赚一票就走"。而这两个关键信念，也被徐新贯彻到了今日资本的企业信念之中。作为一个 12 年期限的基金，今日资本的第一期本就要比一般的基金时限要长不少；而徐新却觉得，12 年还是不够。于是，她又开始与投资者谈判，准备将基金年限拉长到 28 年的超长期限。"其实很多人不懂得这个道理，投资的核心就是好公司要拿得长。"徐新说。

作为巴菲特的忠实信徒，徐新总是将巴菲特的投资理念当作"圣经"一样看待。她认为，投到一个好企业真的不是很难，很多人都可以做到这一点。但是第二点很多人做不到，就是长期持有一个好企业。

"我做了 20 年投资，最大的经验就是好公司不要卖太早。我相信现在的中国属于财富创造的早期阶段，好日子长着呢，不要把好公司卖了。"徐新说。而她投资益丰药房，正是这一理念的最好体现。

益丰药房的创始人高毅早在 1996 年就投身于药品行业，并与家人一起承包了老家湖南常德的一个药品批发站。那时，乡镇地区的药品批发站可谓是问题重重，价格高、品种少、质量难以保证，很难满足顾客的需求。

但是，两个契机让高毅产生了做连锁药房的想法。高毅说，一是有亲朋好友在其批发公司买药，比柜台便宜 40%，甚至 60%，这就发现了零售药店降价的空间；二是一个朋友的母亲在其仓库拆零区买药，就像在超市里买东西一样挑选。"我们为什么不能把这种仓储药品的方式带到外面去呢？"

于是在 2001 年，高毅开办了第一家以"平价"为最大亮点的药店，并在周边的一些三四线城市密集开店。徐新指出，这种做法让益丰的优势很快确立起来："往往是在一个县城，就一条老街，益丰进去开一个旗舰店，再铺两三个小店围起来，立即成为当地的第一品牌，其他的竞争对手就没有机会了。"

随着医疗改革的逐步推进，"以药养医"的模式也必然会被"医药分开"所取代，而药店特别是连锁药房的前景也将是一片光明。对市场风向十分敏锐的徐新，自然不会放过这个机会。在考察了二十多家连锁药店后，徐新决定投资益丰药房。

其实，对于今日资本投资益丰药房这件事，很多人都感到意外，虽然益丰药房当时有七十多家门店，并已经走出湖南进入上海、江西等地，但在整个行业中，益丰也并不是特别出众的一家企业。

第七章

再创辉煌：投资就要放长线钓大鱼

但在徐新与高毅聊过两次后，她就马上决定投资益丰。徐新表示，益丰药房中型药店为主的业态模式、精细化管理模式以及高毅个人的魅力是其动心所在。

2008 年 10 月，今日资本出资 2 亿元入股益丰药房，占其上市前总股本的 31.67%。此后，益丰药房加速扩张，其门店数量从 2007 年年底的 77 家门店急速增加到 2014 年年底的 810 家门店，2014 年实现营业收入 22.3 亿元，2014 年排名行业第五位。2015 年，益丰药房在 A 股正式上市。

如今，徐新仍然持有着益丰的股份，并担任企业董事。一般的风投人，往往在企业上市后就将手中股份卖掉退出，因为这样就可以获得高额回报。但徐新考虑的问题是：我为什么要卖掉呢？这家公司就像一个生蛋的金鸡一样，它不断地在生蛋，干吗要卖掉它？我就拿着它！

徐新还详细分析了益丰的前景和优势。第一，益丰既然能从 3 个亿做到 20 个亿，就能从 20 个亿做到 100 个亿；何况在激烈的竞争中大部分医药连锁企业都消失了，仅剩的 5 家企业中有两家是国营的。在竞争力上，益丰显然是很强的。

益丰善于做收购兼并，也善于做品牌；一旦益丰收购了一家小公司，在益丰的品牌效应下，这家小公司的利润很轻松就可以做到翻倍。在上市后，益丰就可以放开手脚，进行更大规模的兼并。

药品行业准入门槛高，且时间越久的品牌就越值钱——百年老店同仁堂就是一个最好的例子。"所以我们干吗要着急卖呢？我在想我再拿几年，它现在从 20 个亿做到 100 个亿，它的利润就有 10 个亿。我们有 30% 的股份，10 个亿分红我就能拿到 3 个亿。我每年的分红就相当于百分之百的回报，我为什么要卖掉这家公司？"

02.

市场有多大，企业才能长多大

为什么益丰能够成功上市，从数十家药品连锁企业中脱颖而出？益丰所在的行业市场很关键。

正如那个商界常用的比喻一样，如果企业是鱼苗，市场就是水池。水池有多大，鱼苗就能长多大。哪怕是一条鲨鱼，如果只生长在鱼缸中，它也不可能成长为海洋的霸主。

而在这个每天都能诞生"一夜暴富"神话的年代，到底如何才能成功？到底如何才能抓住那些真正有潜力的企业，用投资帮助它们一飞冲天？

徐新给出了一个答案：看行业。徐新之所以能够成为"风投女王"，能够用简明清晰的投资理念进行准确的投资，行业永远是她的首要考虑因素，其中，市场占着极大的比重。从百富勤开始，徐新的投资对象就有"本土化"的趋势，其中不乏一些名不见经传的中小企业。有人批评，徐新的投资"越来越保守"。

其实，事实恰恰相反。徐新看中的，是中国这个广阔而又潜力无限的巨大市场。徐新曾在过去的一次访谈中这样说："改革开放以来，私有化进程大大释放了生产力的能量，大陆即将迎来跨越式的发展，大陆市场发展空间巨大，目前，中国东部沿海地区约有 5 亿人口，经济持续保持两位数速度增长，人均 GDP 近 3000 美元；内陆地区 7 亿多人，人均 GDP 目前只有沿海地区的 1/3，也具有广阔的发展前景。另外，中国大陆的城市化进程正在全面提速，劳动力竞争优势仍然突出，相比一些东南亚国家，中国大陆的劳动力不仅便宜，而且经过了很好的技术培训，工人都非常勤劳，愿意多干活多赚钱。在国内不仅蓝领工人有优势，白领劳动力也有优势。中国每年有 340 万大学毕业生，其中工程、电脑类专业的毕业生占了 45 万～50 万人。不仅蓝领走向世界，白领优势也要走向世界。在所有市场中，中国劳动力市场的优势同样明显，与欧美相比，便宜，与东南亚相比，熟练。这是中国现阶段成为'世界工厂'的根本原因所在。"

如今，中国已经从过去的"世界工厂"逐渐转型，越来越多的高精尖企业逐渐涌现出来。而徐新，也将自己的目光扩大到更多的行业中。无论是网易、京东这些互联网时代的弄潮儿，还是在时代变革中艰难转型的传统行业，徐新都有所涉及。

那么，为什么徐新会投资这些正处在艰难转型升级阶段的传统企业呢？它们到底具有什么样的优势？

对此，徐新认为，相比于钢铁、机械等行业，像零售和消费这样的传统行业更为稳定，受环境影响也较小；即使经济再如何不好，人们的生活消费需求总是硬性存在。这样的企业也许不能像网易、京东那样一飞冲天，但只要能每年稳定保持 30% 以上的增长，就已经是一个值得投资的企业了。

目前，对于传统行业来说，房租和人工成本的暴涨让它们举步维艰，利润也被逐渐吞噬。但是，这些企业又不能将成本完全转嫁给消费者，因为这样会让它们从大众变为小众，降低自己的潜力。对此，徐新提出了两个解决方案：第一，加品类，延长产品线，让客流次数和消费选择增多；第二，做会员服务，增加老客户回流，在服务和促销模式上，做到极致。

当然，传统行业也是有区别的，并不是所有的传统行业都能赚到钱。值得投资的行业，市场往往是广阔的，至少也要有广阔的发展潜力；如果几年之内，整个市场都达不到 10 亿美元，那么市场内也就不可能诞生什么规模较大的企业。

那么，如果整个市场前景广阔，就可以进行投资了吗？徐新认为并非如此。特别是对于传统行业来说，地区、城乡也应该是考虑的重点。对于目前的中国来说，沿海城市消费能力较强，而内陆地区的消费能力就相对弱一些。比如永和大王，在徐新投资之后，永和大王就开始了自己的扩张之路。他们把店开到了北京、上海，很快就赚到了钱；可当他们在武汉开店时，却无论如何都无法实现盈利。在经过研究后，永和大王发现：当时的武汉，经济实力还是偏弱，人均 GDP 还没有达到 800 美元，也没有形成吃快餐的习惯。

再比如诺亚舟。在投资谈判时，诺亚舟的高层曾经向徐新承诺：企业可以实现 50% ~ 60% 的增长。但在当时，沿海地区城市购买力也只不过是 40%。凭什么做出这样的承诺？诺亚舟的高层说，他们的成长来自内陆地区，那些有能力为孩子购买英语辞典的家庭。通过调查市场，诺亚舟发现之所以在内陆地区销量不高，原因有两个：一是品牌并没有被人们熟知，二是销售渠道不够广阔。最终，徐新被诺亚舟的高层所说服，决定投资。

第三个例子则是网易。在互联网寒冬后，网易成功找到了网络游戏这块具有光明前景的市场。丁磊曾经来到一些三四线的城市进行调查，并发现：网易有着大量的 15 ~ 25 岁的用户，而他们往往是独生子女，是渴望着娱乐和社交的年轻人。对于他们来说，网络游戏无疑是成本最低的社交方式。这就给网易以非常大的好处，开始在沿海地区，然后向内陆挺进。

03.
贝贝网："专而强"才是真正目标

对于一个小杂货店老板来说，货物的品类要做到"小而全"；而对于一家有气魄的企业来说，经营的目标就应该是"专而强"。这在中国尤其迫切需要，因为这是一个跑马圈地的时代，你只要抓住机会，就能获得和国际品牌同样奔跑的权利。徐新说："帮企业专心、专注做好一件事很重要。我一直跟企业家讲，你再能干，你不吃不喝不可能做到第一名的，做大你还可以，但你一定做不到第一名。我可以跟你打包票，如果你一心一意只做一件事肯定能做得很好。你看网易的丁磊和盛大的陈天桥的企业就知道了，陈天桥不比丁磊笨，但是陈天桥想做的太多了。一个人想做太多的事情是不行的，专心是非常重要的。"

贝贝网就是一个典型的"专而强"的企业。贝贝网的创始人张良伦原本是阿里巴巴旺铺的负责人，2011 年，他离开阿里巴巴，创办米折网。与很多"阿里系"的创业者类似，张良伦的米折网一开始也是依赖阿里的生态圈，通过淘宝等电商网站的返利和优惠券来招揽顾客。仅仅用了一年时间，他们就把这个网站做到了月平均销售额过亿元，甚至创造了"光棍节"一天销售过 5000 万元的纪录，以至于那个月，仅从淘宝身上，他们就获得了超千万元的佣金。

但没过多久，随着淘宝转变开放政策，米折网的模式也逐渐走入了死胡同。为了找到新的盈利模式，张良伦先后试水优惠券、超值爆料、团购等业务，最后他们转型做了女性时尚闪购特卖。虽然闪购特卖一度实现了爆发式增长，但在聚美优品、唯品会等巨头的阴影下，闪购特卖的未来仍然不明晰。于是张良伦再度决定转型，目标则是母婴市场。2014 年 4 月，贝贝网正式上线。

徐新曾这样说过，做电商不能熬，要快，"关键是找到各个品类的机会，使劲奔跑，占领消费者心智，这样就安全了"。而张良伦也是一点都不敢怠慢。早就接触过风投资本的他，很快就找到了徐新。

在短短的一个月内，两人见了三次面，每次交谈都长达五六个小时。对于投资人，考察项目、考察团队这都是规定动作，但是徐新更拼命一点。她和她的投资团队采访了近千个贝贝网的消费者和供应商；

第七章

再创辉煌：投资就要放长线钓大鱼

不仅如此，徐新还把张良伦的妻子拉到酒店聊了几个小时，甚至连张良伦学生时代的个性和八卦，徐新都没有放过。

为什么如此热衷于这些"八卦"？一方面，当时的贝贝网还只是初创，规模很小，也没什么亮眼的业绩；更为重要的是，徐新"关注创始人个人素质"的观念。"早期看数据就错了，靠的是感觉，数据代表的是过去，我们要的是未来，所以就看创始人，大方向正确的情况下，创始人厉害就行。"

在考察中，徐新发现：母婴行业市场巨大，不算奶粉就有3000亿元，如果把奶粉和服务类都算上，市场规模足有上万亿元。而在用户调查方面，许多用户也表示贝贝网相对于淘宝等电商巨头更为"专业"。特别是那些第一次为人母的用户，在各方面都缺乏经验，急需专业指导；相比于淘宝的大海捞针，更加细分、专业的贝贝网显然是首选。而且，贝贝网的用户基本不会太过于计较价格，他们需要的是质量保障和优质服务，这两点又正好是贝贝网最擅长的。

在短短的一个月中，张良伦不仅要与徐新交谈多次，还要接受新天域资本王蓓、高榕资本张震和泰合投资宋良静的轮番轰炸。但在几位资本大佬的轮番"拷问"中，张良伦显得十分从容。"说话语速很快，脑子也转得很快，无论抛出什么问题，他似乎都已经思考过了！而且学习能力很强，上一次提出的建议，在下一次见面的时候，他已经在执行了！"

在深入的接触后，本就对母婴行业十分看好的徐新更对贝贝网及其团队有了信心。敏锐的嗅觉告诉她，这是一个最好的团队，他们找到了一个很有前景的方向，就差有人拉一把。"他们不是凭感觉去做，而是凭数据去做。我们看了几个数据都很漂亮，平均一个妈妈用户一个月买两次，已经赶上了唯品会大网站，我感觉母婴这个品类潜力很大。"

对于贝贝网的前景，张良伦也有了详细的打算：母婴市场前景巨大，而国内的几家竞争对手还处于发展阶段，线下消费仍占据着大部分市场。随着电商快速发展，人们开始将目光逐渐转移到互联网市场。特别是 25～35 岁的年轻母亲，她们拥有很强的购买力，却缺乏到线下购物的时间。

那么，相比于其他母婴电商，贝贝网又有哪方面的优势？贝贝网要想在夹缝中求得发展，必须解决这个问题。货品好、价格低、服务贴心这些看似简单的目标做起来着实不容易。

想要获得价格优势，贝贝网就要走一条与淘宝等电商巨头有所不同的道路。因为 PC 电商做的是海量用户、海量产品，消费者基于搜索购买，如果商家不打广告，就很难让自己的产品露出，没有哪个消费者会愿意翻很多页再下单，这种模式更有利于大的供应商。但如果利用当初闪购特卖的成功经验，将精选的品牌推给消费者，每小时刷新一次，供应商就能让更多的人看到自己的品牌，消费者也能花费更少的时间，而供应商省下来的广告费也可以以打折的方式反馈给消费者。这样，贝贝网就成功降低了价格。

米折网"佣金"的经验也被应用到贝贝网上。用户只有发生了购买，贝贝网才会收取服务费，而这一点也让贝贝网与其他电商有所不同。

第七章

再创辉煌：投资就要放长线钓大鱼

"非标品"的经营方式更让贝贝网获得了较大的竞争优势。奶粉、纸尿裤等标品价格透明，利润率低；而童装等个性化强的非标品不仅需求巨大，且利润率高，是长尾消费。

这几种模式，都是张良伦耗费了大量的心血才思考出来的。功夫不负有心人，几个月下来，贝贝网的用户破千万，合作品牌超 5000 个，月销售额达 2 亿元以上，其中无线端占比更是超过了 70%。

2015 年 1 月 22 日，贝贝网完成了 C 轮 1 亿美元的融资，今日资本、新天域资本领投、高榕资本、IDG 资本等跟投，泰合资本担任财务顾问。融资后，贝贝网的估值达到近 10 亿美元，成为当时国内母婴电商行业融资金额最大且估值最高的公司。

其实，这一投资明显是高于贝贝网的估值的。对于这种"溢价投资"，徐新却觉得物有所值："这个队伍很贵，天价！一开始我也问自己，一个月的时间，天价去投 85 后靠谱吗？现在看来，虽然价格不便宜，但是我们也愿意！"

04.
什么样的生意才是 "好生意"

　　虽然徐新总是强调"要放长线钓大鱼"，但今日资本毕竟是一家风投公司，需要对自己的出资人负责，需要卖掉的企业当然要适时卖掉。对于什么时候选择退出，徐新也有自己的标准：

　　第一，它能不能帮你创造 20% 以上的回报。

　　第二，这个项目稳定性和确定性有多大。

　　第三，你把它卖了，你再投的项目能比它更好吗？

　　虽然今日资本是一个长达 28 年的超长基金，

第七章

再创辉煌：投资就要放长线钓大鱼

但对于不好的项目，该退出时还是需要退出。那么，什么样的项目才是真的好项目？

"好"的关键，就在商业模式上。徐新曾对消费者进行过一个调查，结果发现在接受调查的用户中，人们在购买奶粉时最关心产品质量；而对于贝贝网，用户的第一印象往往是"专业"，然后是价格实惠、品质好等。

为什么贝贝网能抓住用户？徐新认为，关键在于贝贝网认识到了用户的群体在发生变化。对于母婴电商，85后乃至90后才是主流的用户，他们"特别宅"，而且热衷于网购，每天有7个小时都要花在互联网上。这部分用户往往都是独生子女，成长过程中最好的伙伴就是网络。

85后和90后还有一个重要的特点：有安全感。他们与自己的长辈不同，有着更多的闲置资金，也愿意用更多的资金让自己享受好的生活，哪怕是成为"月光族"，他们也不会降低自己的生活品质。因此，只要电商能够提供高品质的产品，他们是不会吝惜金钱的。

那么，为什么网站的打折优惠活动仍然能产生大量的人气呢？徐新认为："消费者要的不是便宜，而是贪便宜，在淘宝上面，为什么50次的优惠，消费者能抓住20次，就是因为经常买东西，刷淘金币。"贝贝网的"贝壳"，哪怕是一分钱，消费者都会很在意。

在中国线上销售大热的环境下，商业模式尤为重要。选择什么样的商业模式，京东给了大家答案：第一，要做出品牌；第二，要有实惠的价格；第三，要方便用户体验。至于价格战，虽然是下策，但该打的时候也一定要打；烧钱做广告，该做的时候也一定要做。如果能够让用户产生黏性，那么商业模式就可以说是构建成功了。

这是电商应该有的商业模式，那么，主要针对线下的传统产业呢？

"真功夫"是一个令徐新深刻反思的案例。混乱的股权结构和家族纷争让真功夫坐失发展良机。但对于真功夫，徐新仍然十分看好——哪怕徐新在目睹了企业内部的混乱后，不得不选择退出。

对于传统产业，最困难的一点就是房租和人工。房租和人工的飞速增长，让很多传统企业难以为继。房租无法回避，那么人工是否有削减的可能呢？

在这方面，麦当劳有着丰富的经验。麦当劳模式很简单，就是使用小时工。但是，对于早已习惯于使用固定员工的真功夫来说，使用小时工无异于是一场"革命"。很多店长都抱怨：人手本就不够，还要减少固定员工？

于是，公司就对岗位和时间流程做分析，结果发现，最忙的时候往往都是中餐和晚餐，其他时间都是空余的。空余时间，正是节约人工成本的关键点。而在试点小时工制度时，真功夫发现确实起到了不错的效果。于是，真功夫立刻将这一制度推广到全国。

"借鉴海外优秀企业"，对于一些苦苦追寻商业模式的企业来说可谓是一条捷径。部分国外企业在商业社会上的经验比我们更丰富，他们经历的大周期比我们更多，逼迫他们不断创出新的管理模式。而对于中国企业来说，只要能够正确地选择和应用这些经验，就能发挥出"后发优势"，实现后发先至。

第七章

再创辉煌：投资就要放长线钓大鱼

如今，越来越多的商业模式被开发出来，而徐新对这些能够开发出合理的商业模式的企业也毫不吝惜投资，只要合适，资金马上就到。比如西少爷肉夹馍，作为一家餐饮企业，他的创业者孟兵却是一位 1989 年出生的互联网产品工程师。对于餐饮行业来说，孟兵无疑是一个"外行"；可就是这样一个"外行"，却创造了一个震惊了整个餐饮行业的经营模式——标准化生产。具体来说，就是肉夹馍等产品统一按照一个配方，用总部特别定制的机器进行生产，每个月配方都会更新换代，保证每个月顾客都会有新的感受。

再比如时下最热门的分享经济。分享经济的最大特点，就是将边际成本无限缩小，以至于彻底变为"0"。比如说"顺风车"这一产品，对于司机来说，成本就是"0"——无论有没有顾客，他都要驾驶车辆前往目的地；如果有了顾客，无论是一个、两个还是三个，他投入的成本也不会产生变化。这一模式，对徐新有很大触动："这里有一个众筹的概念，以后都是社会化的东西，没有必要养那么多员工，配送可以搞社会化。"为此，她还投资了"回家吃饭"，一家从事家庭厨房共享的平台。

05.
三只松鼠："草根"出身与员工的"大哥"

　　随着徐新和今日资本的名气越来越大，每天，都有许多人找到徐新，寻求合作。这些人中，有怀揣梦想的创业者，也有投机取巧的"皮包公司"。其实，面对如此多的访客，徐新已经可以做到足不出户，坐在办公室中就会有许多优秀的案子送上门来。但是，徐新仍然坚持着自己主动选择——大约40%的案子，都是公司的投资人自己找来的。

第七章

再创辉煌：投资就要放长线钓大鱼

"我们投资时，先选赛道，这个赛道要有让人眼前一亮的东西，再看人，谁能把它做出来，把行业前十摸清楚，看好哪家就主动去找企业家谈。"徐新认为，选择生意模式跟选择企业家，这两个是并重的。

徐新特别重视企业家的个人能力。对于企业家，只有做到以下三点，徐新才会认真考虑是否投资。

第一，嗅觉灵敏，有洞察力。有些人确实能够感受到别人感受不到的东西，先看到别人看不到的东西。

第二，学习能力强。创业者如果学习能力弱，就会在公司不断扩张时无法管理好公司。

第三，领导力强。真正的领导者，要能够带领一群优秀的人才。

在这三点的指导下，徐新的投资，往往采取"狙击手"的打法，出手不多，追求一击制胜。也正因为如此，许多名不见经传的"草根"，没有被其他投资人发现的创业者，徐新也能从广阔的市场中找出，并进行投资。

三只松鼠的创始人章燎原就是这样一位"草根"。章燎原出生在安徽绩溪的一个小村子，从小就有一股子"痞气"。与很多互联网大佬不同，章燎原就读的，是需要自己摸爬滚打、只求生存下去的"社会大学"。19 岁时，章燎原就离开家乡，做一点小买卖，也打过几份零工。在"社会大学"中，章燎原在被人欺负时学会了忍耐，在生意亏本时学会了专注，在追女朋友时明白了"用户体验"这个很多高才生都无法真正弄懂的词。

2003 年，已经 27 岁的章燎原回到家乡，在宁国市詹氏食品公司做了一名山核桃营业员。他从小超市入手，从谈堆头费、进场费，学做税务、工商注册做起，慢慢展现出销售天赋，很快就被分到负责跑芜湖市场。面对贪污，他不是同流合污，而是通过进销存软件全面规范财务流程；面对高层的反对，他坚持己见，将传统印象里难登大雅之堂的山核桃摆进大型连锁超市。很快，詹氏的业绩迅速提升，章燎原也得到了公司的重用，被任命为营销总监。

但很快，他就厌倦了公司太过保守的经营策略。他发展的淘品牌在融资时被公司阻拦，终日在出差中疲于奔命让他觉得越来越无聊。而一次参加阿里巴巴年会的经历，让他惊喜地意识到，原来商业是可以如此简单纯粹的。

很快，他提出了辞职，组织了四个人，在芜湖创立了三只松鼠这个日后红遍中国的品牌。他十分注重用户体验，把淘宝客服常用的"亲，您好"改变为"主人，你好"，要求客服要以服务主人的心态和消费者"把天聊好"。而三只松鼠的产品，也突出了卖萌元素，一切设计都以迎合用户情感为核心。

在获得了 IDG 的天使投资后，章燎原更是放开了手脚，投放了大量的淘宝钻石站位，目的就是争取更多人的关注。结果，他赌赢了。仅仅用了半年时间，三只松鼠就把碧根果做到全网销量第一，同时引爆其他品类。

迅速崛起的三只松鼠，很快就吸引了徐新的注意。2008 年，徐新和章燎原聊了两次，随即就下定决心投资三只松鼠。对于徐新来说，不仅三只松鼠这个名字十分吸引她，章燎原的个人素质更是让她觉得

第七章

再创辉煌：投资就要放长线钓大鱼

可以信赖。

本来，三只松鼠淘品牌的身份是徐新所并不看好的，因此每当有淘品牌找上门来，她往往会予以回绝。但章燎原的能力却让她不得不改变想法。

2012 年，三只松鼠第一次参加"双十一"，一天就卖了 766 万元，来了 10 万份订单。但是，当时三只松鼠的员工根本处理不了如此庞大的订单数量，第一天只发出了 6000 单。阿里巴巴总裁助理急得打电话骂章燎原："有没有搞错，剩下的你什么时候能发完？"

挂掉电话后，章燎原转头就找来了 200 名大学生做临时工，而全公司的员工包括他在内也全都转移到发货前线去。在没日没夜地干了 9 天后，三只松鼠终于完成了 10 万份订单。

三只松鼠是一家非常"年轻"的企业，整个团队中，就数章燎原年纪最大，其余人大多都是 85 后的年轻人。面对爆发式的增长速度，徐新估计章燎原会忙得不可开交；而实际上，章燎原却每天都按时下班，时不时还会去长江边钓鱼，生活品质很高。原来，章燎原每天早起只干两件事，一是看用户评价，第二看销售排名。看完就去公司，只抓落后的问题，其他一概不管。在放权方面，他也十分果断，该放权的时候一定会放，从不用空降兵，招人只在芜湖当地，供应商只有两家，应酬少之又少。

在徐新看来，三只松鼠抓住了两个风口："一是消费升级，以前是瓜子花生，10 块钱一大包，现在是进口坚果，70 块钱一小包。二是恰逢当时淘宝从 C 店往 B 店大量导流。"在消费者调查中，300 个受访者，大部分都能记住三只松鼠的名字，而其他坚果品牌就很少有人记住。可见，三只松鼠也十分擅长打造品牌。

2013 年 5 月，三只松鼠获今日资本、IDG 资本 617 万美元 B 轮投资；2014 年 3 月，IDG 资本、今日资本追加 1 亿元人民币 C 轮投资。在投资之外，徐新还尽力帮助三只松鼠做好自己的品牌，鼓励他敢于花钱，用线上线下的广告把品牌形象塑造起来。同时，要养好几个新业务，未来只要成功一个，就能带来非常可观的利润。在线下方面，徐新也指出互联网的核心是提高效率降低成本，代表先进生产力，互联网公司开线下店没有优势，因此只开一两家体验店就够了，连锁是没有必要的。而对于 IP 化，涉足影视动漫的想法，徐新也十分支持。

拿到了巨额投资的章燎原，便立刻开始了继续扩张。三只松鼠 2013 年全网收入突破 3 亿元，2014 年 10 亿元，2015 年 25 亿元，2016 年更是突破 50 亿元。当然，在扩张中，阵痛也是无法避免的。2014 年腊八节，雪花一般的订单彻底击垮了三只松鼠的仓储，以至于不得不关停交易。面对质疑，章燎原宣布，如果顾客年前不能收到货物，三只松鼠将给予 30% 的赔偿。这一举动，让不少顾客的态度从质疑转变为支持，甚至自发安抚没有收到货物的顾客。

为什么三只松鼠能获得成功？除了线上市场发展的"天时"、芜湖本地空间广阔的"地利"之外，最重要的，还是三只松鼠内部的"人和"。

章燎原认为，领导人永远比领导事重要。无论是 5 个人，还是 50 个人，章燎原都会不厌其烦地对员工们宣扬企业的价值观。作为

第七章

再创辉煌：投资就要放长线钓大鱼

三只松鼠的"老爹"，章燎原经常会强调这样一句话："相信老爹的'相信'。"

如何让员工相信？这就需要领导人自身以身作则。章燎原对企业的廉政十分关注，在回扣、送礼成为常态的零售行业，章燎原规定收受 200 元礼品就要上报，采购员外出就餐每人不得超过 50 元。这样苛刻的标准，自然需要领导者以身作则：曾有位在 20 年前就与章燎原有交情的供货商，因为供货不合格，就被"不留情面"的章燎原给了极为严厉的惩罚。在章燎原的严格下，业内已经形成了共识：公关三只松鼠没用，提供优质的货物和服务就好。后来，章燎原干脆花钱做了一套云中央品控中心，对所有的产品进行数据分析，以大数据工具找出有问题的供货商，并进行责任整改。

在三只松鼠，章燎原无疑是一位"英雄"。他重视放权，工作交由 12 位"CEO+ 助理"分摊，自己则是每晚 6 点准时下班给妻子做饭。如果某个部门的问题需要他出马，他就会直接从末端岗位插入，从头搞到尾。一个标点符号，一条微博用词，一张导购图片都要亲自过问，最后再交给负责人。

章燎原说，自己十分擅长改变别人，当年随自己创业的一个厨师出身的发小如今已经是 12 个部门的负责人之一。在三只松鼠，从来没有什么 KPI 考核，甚至连考勤制度都没有，因为——没有人好意思迟到。

可以说，在三只松鼠，章燎原就是所有员工的"大哥"。

06.
投资先投人

　　徐新被人们称为"风投女杀手"，就是因为她有着"狙击手"一般的直觉。而对于要投资的企业的创始人，她更重视他们的直觉："这个领域对企业家的要求很高。首先是核心人物要有非常强的对生意的敏感，在市场快要发生，还没有完全形成，别人还没有感觉到的时候，他已经感觉到。"

　　无论是宗庆后、丁磊、刘强东还是张良伦和章燎原，都有着这种商业直觉。宗庆后一口气上

第七章

再创辉煌：投资就要放长线钓大鱼

三条瓶装水生产线，丁磊"流血上市"，刘强东抢占物流市场，张良伦果断转型母婴，章燎原把坚果产业做大做强，都是凭借着敏锐的商业直觉，占据了空间广阔的市场。

商业直觉到底是什么？徐新认为，这并不是一个科学的概念，因为谁也没有 100% 的把握确定某一个市场未来必定大有可为。但是，在崇尚数据的商界，商业直觉却是"一夜暴富"的基本。宗庆后等企业家的崛起，乃至徐新自己的崛起，都是拜这种"杀手"的直觉所赐。

因此，徐新也对前来寻求投资的人这样建议：向风险投资寻找资金，虽然很大程度上是一个说服的过程，你要讲清楚自己这个产业是否值得他们感兴趣、市场容量有没有数亿美元、你的与众不同之处在哪里，甚至需要注意演讲的技巧，怎样放演 PPT 等环节。但是，投资人能否对你产生兴趣，能否愿意听你演讲下去，依靠的都是那黄金般的五分钟。五分钟内，能够表现自己的商业直觉的人，才能获得资本的垂青。

有人发现，徐新的投资，总是喜欢找那些"草根"。对此，徐新表示，自己投资的时候并没有对号入座，强求创业者是"草根"；但她也觉得，"草根"的胜出还是有其内在的原因的："草根创业者能够进入到资本的视野，就已经证明他们是其中的佼佼者了，是达尔文'物竞天择，适者生存'法则的优胜者了。"

徐新喜欢什么样的创业者呢？她自己认为，那些在第一次见面就能让她聊很长时间的创业者，就是值得投资的优秀企业家。就像年幼时在家与父亲谈个没完，结婚后在家与丈夫"争吵"不休一样，徐新最愿意投资的，都是那些能为她的问题提供很好的答案，不断地满足她的好奇心的人。

比如和徐新聊了一夜的刘强东。扩充品类、自建物流，都是被人们所不看好的行为，但直觉敏锐的刘强东却坚持己见。最终，京东形成了与已经成为巨头的淘宝的差异化竞争，闯出了自己的一片天地。

比如一个月内和徐新见三次面，每次聊五六个小时的张良伦。他虽然很少原创模式，却能敏锐地判定什么模式适合自己，并加以改良。特别令徐新关注的一点是，张良伦总是那么果断，每次当徐新讲完自己的建议，他就会立刻执行。

再比如章燎原。在打造品牌方面，章燎原可谓"天才"，无论是三只松鼠的名字，还是没钱打广告时努力做好口碑，以产品细节和一些小赠品吸引顾客的举动，都说明他在打造品牌方面的才华。

而在获得了投资后，章燎原更是加速了打造品牌的过程。对于品控，章燎原利用大数据改变了整个生意的操作模式，从而让供货商从过去被渠道商压制的传统格局转变到直接了解市场、直接亲近社会的新格局中去。这种格局，让三只松鼠彻底从互联网零食品牌企业变成了一家"产业链平台企业"。这种新的格局，让三只松鼠成了好体验与好产品的代名词。

此后，章燎原又进一步提出，要做"IP内容垂直娱乐化、真正人格化品牌"。动漫、动漫周边等副业可以做，电影也可以做，只要不亏钱，服务于主业即可。按照他的设想，三只松鼠要做2.5次元的品牌，一年要接待几千万次"主人"，卖萌几十次，讲段子斗图十几次，还

第七章

再创辉煌：投资就要放长线钓大鱼

可以扮演宫斗戏和武侠故事……

对于线下店，章燎原与徐新的观点相同，只为线上引流而存在，不为卖货，而是贩卖生活方式与体验文化。为了强调三只松鼠对品质的严苛要求，在得知苏州线下店在质量上存在偷工减料、以次充好的问题后，章燎原甚至组织公司全部高管，邀请媒体人士，在闪光灯的关注下直接把店砸了。按他的观点，如果在内部就把问题处理掉，那么问题就得不到解决；只有把处理摆到明面上来，问题才能彻底得到解决。

章燎原的一系列处理方式，可谓是惊世骇俗。人们在此之前，从来不知道，也没想到过：坚果原来还能这么卖。而让章燎原惊世骇俗的资本，正是他对于市场方向的敏锐直觉。做产业链，做 2.5 次元，近乎严苛的强调品质，都是他对市场方向的"杀手"直觉的体现。

目前，移动互联网的发展空间，已经不像从前那样大了。用徐新的话说："互联网感觉是冲浪，一个浪过来没把握好，赶不上就错过了。"作为互联网"大浪"的中心，中国的移动互联网已经做到了领先世界。比如电商，淘宝与京东两大巨头占据了 90% 的空间，除非有什么绝对意义上的颠覆创新，否则基本不可能做到翻盘。至于农村电商，在淘宝与京东进入市场后，更没有创业者存活的空间了。

那么，该如何找到没有被占领的空间，让企业有发展的机会？徐新认为，关键还在企业的领导者身上。善于并乐于为企业家做导师的徐新认为，企业有时缺的并不是资金，而是人才与管理。在成功之前，徐新可以投资，可以提出建议；但在成功之后，徐新就是企业的"啦啦队队长"，她要做的只是为企业加油喝彩。

真功夫永远是徐新绕不开的一个案子。徐新关注的"草根"们，最初都是和当初的真功夫一样，属于中小型企业，但却具备发展潜力。徐新要做的，就是把它们的潜力找出来、激发出来。因此，徐新为企业家做"导师"，往往先从引进人才和建立系统性管理开始。

但是，这两件事都是需要时间和耐心的，不可一蹴而就。比如，在2010年接受了今日资本投资的内衣品牌"都市丽人"，本来是依靠SPA（自有品牌服装，专业零售商经营）模式建立了独立品牌，但在发展中遇到了人才短缺和连锁管理系统不够强大的瓶颈。为此，徐新为它找来了市场总监、财务总监、首席技术官和首席运营官等高管，并依靠他们建立了各模块的管理系统。

在一段时间之后，一些股东发现公司并没有明显的增加业绩，便向徐新抱怨：支出增加很多，业绩却不见增加，这笔钱是不是被浪费了？徐新安慰他们，不要着急，作为股东就要信任他们，一般来说，十八个月之后才会见到成效。在徐新的坚持下，都市丽人的创始人郑耀南坚持了下来，最终果然取得了成功。如今，都市丽人的销售收入从刚投资时的7亿元暴涨到40亿元，"万店计划"也已经取得初步成效，六千多家店面覆盖了中国的所有省份。

徐新说，她特别希望投资一些能够持续发展的企业，找到那些基业长青的企业家，投出个"百年老店"来。相比已经有百年历史的欧美和数十年历史的日韩，中国企业发展目前还处于初期阶段，还处在财富积累之中。为此，中国一定要创造自己的品牌，打造出新的百年老店。对于今日资本来说，养大一个企业很辛苦，如果退出太早那就太吃亏了。因此，今日资本总是会帮助企业建立好文化与制度。首先，要在企业内部建立一个制度和文化，企业要有好的团队基础，使团队都很热爱工作，然后再建立各种制度。第二，要找那些真正优秀的企业，要有好的投资战略和执行，还要有耐心帮助企业做大。要做到基业长青，还要帮企业家专注于一两件事情，而不是让企业家只想着赚钱，朝三暮四没有一定的目标。"我一直跟企业家讲，不管你多么能干、多么聪明、多么努力，你同时做两件事时还要做到第一名的概率是很小的。在创业初期，你不能同时做两件事，你只要把一件事做好就行了。如果没有这种专注精神，是做不到行业老大的。"

chapter 8

第八章

面对未来：

活下来的创业者都是好样的

01.
中国需要创业者

2014 年，徐新参加了母校南京大学的毕业典礼，并对自己的学弟学妹们发表了演讲。回首离开大学后的 26 年，从一个初出茅庐的外语系毕业生，到现在的"风投女王"，徐新经历了无数的重大选择。可以说，这些重大的选择，决定了徐新的人生。

从西南小镇，到银行职员，到普华永道，再到创立今日资本，徐新经历了许许多多。特别是在面对过许多创业者后，徐新发现：那些创业者，

面对未来：活下来的创业者都是好样的

才是世界上最勇敢的人。他们有眼界，能找到别人看不到的机会；他们有强大的内心，能承受别人无法承受的压力；他们有梦想，只为追求成功的成就感。因此，她才会走上风险投资这一行，为那些创业者加油鼓劲。

2006年，中央电视台的《赢在中国》节目正式开播。作为赞助商之一的徐新在接触这个节目时，节目还处于草创阶段，没有样片也没有团队；可是，当徐新听到了"励志"和"创业"这两个词时，就当机立断，以今日资本的名义赞助1000万元。

为什么徐新这么看好这个还"什么都没有"的节目？徐新认为，当下这个时代，非常需要励志跟创业这一群人。在当时，中国的经济处于飞速发展中，很多行业都处在刚刚兴起的阶段，这就给创业者带来巨大的机会。对于欧美、中国台湾和中国香港来说，各个行业已经成熟，垄断机构占据了市场的大部分空间，初创的小公司要么做出产品后卖掉公司，要么一步步走向灭亡。而中国的很多行业都是新的，中产阶级的崛起带来很多行业的诞生，若能趁机抓住一个优秀的生意模式，集中精力，拼命去做，那么创业者拥有的机会就和大公司一样。在一个新兴行业产生的时候，小公司比大公司低，在起跑线上大家是一样的，不输给他，另外是小公司灵活，跑得快，大公司需要很长时间才能做出反应。正所谓"时势造英雄"，先有时势，才有英雄。

在中国，从来都不缺创业的精神。台湾和香港有很多优秀的人才，但优秀的老板却不多。为什么这么多优秀人才没有创业？就是因为害怕失败。比如美国，失败两三次是很正常的；可在中国，失败一两次就会在亲朋好友面前抬不起头来。改革开放，温州人率先崛起，靠的就是不怕失败。

因此，人们就该有创业的精神，鼓起勇气去试一下。就像徐新的投资，如果不敢承担风险，那就不可能获得成功。

徐新自己就承认，自己有"两个半"案子是令自己十分后悔的。第一个是7天连锁酒店。在徐新看来，7天的创始人郑南雁也是那种值得自己投资的企业家，而连锁酒店行业也是个有着巨大发展潜力的行业。只不过，郑南雁开口就要价5000万美元，这让徐新有点难以接受。在经过一段时间的谈判后，徐新见双方仍然无法达成一致，便放弃了投资。如今，7天已经是一家有数千家分店的酒店巨头。对此，徐新十分自责："其实当时也怪我啦，我很喜欢郑南雁，也很喜欢这个行业，只是当时要价5000万美元，我们觉得有点贵，我们当时很喜欢negotiate（会谈）的，后来我们也总结经验，不要太negotiate，如果公司失败，价格不重要，反正打水漂儿了；如果公司成功，4000万美元和5000万美元差别很小。觉得行业好就投，觉得创始人好就拿下，价格不是那么重要。"

第二个是德邦物流。德邦物流的崔维星是徐新在中欧总裁班的同学，2011年，德邦在扩张阶段遇到了资金困境，急需融资。可面对自己的老同学，徐新却觉得当时的德邦盈利能力太弱，而公司员工罢工更是让她觉得公司管理混乱。最终，徐新没有答应崔维星投资1000万元的请求。结果，在德邦通过其他渠道获得了3000万元融资后，业绩迅速发展，几年后就实现了上市。对此，徐新也曾对崔维星开玩笑说，我要把你的照片挂在办公室，时时提醒我是怎样错过的。

"当时只看树木不见森林，不晓得做物流最关键的是网络，布局网络的时候不赚钱是很正常的，等做到规模就赚钱了。"此后，在刘强东做物流的时候，徐新吸取了这次投资的教训，坚决支持刘强东的决定。

此外，凡客的案子也是因为要价过高而没有投。不过徐新觉得凡客的定位还有一定问题，不能简单地下定论。

这"两个半"案子中，都存在着不小的风险。7 天连锁酒店要价太高，德邦存在问题，都有可能让投资亏本。但最终的结果却证明，徐新的谨慎并不正确。徐新自己也总结说，任何事情都有风险，一点风险没有的事情，根本就轮不到你去做。作为决策者，只要看最大的风险是什么就可以了；如果最大的风险你都能接受，那还惧怕什么呢?

风投如此，创业也是如此。大不了，从头再来。创业失败，你还可以去打工，最多也就是耗费两三年，你还可以再决定是否尝试第二次。你要面对的最大风险，就是你能否接受浪费掉这两三年的时间。

目前，中国的创业机会有的是，有无数的新兴行业正等着人们去打拼。人生可以从头再来，时代却不会再有第二次。与时代合拍，投身创业，这也是一个塑造人生理想的过程，一个公司在你的手里从无到有，然后再做成一个永续经营的企业，这会给你的人生带来无穷的价值。

不过，成功的道路总是充满了艰难困苦的。徐新说："中国的市场有一个特点，发展很快，企业成长得也很快。所以在中国找到一个快速成长的企业其实并不难，但要找到一个持续成长的企业却是很难的。任何一个领域，只要你做好了，两三年以后，马上成千上万的人就会模仿你的模式。"

这就是当下盛行的"蓝海"与"红海"的概念。在中国，从无人占领的"蓝海"到竞争激烈的"红海"，徐新认为仅两年、三年，"蓝海"就会变为竞争激烈的"红海"。因此，创业，也要考虑一些"技巧"。

02.
冬天来了，该怎么活下来

　　自 2008 年美国爆发金融危机后，全球经济
再度陷入衰退。此后几年，随着全球市场不景
气，一直保持着高速增长的中国市场也逐步进入
了"寒冬"，许多曾经朝气蓬勃的产业都陷入了
困境。

　　作为风投人，徐新对此感触颇深。她觉得，
几乎每一个产业都是成长乏力，生意越来越难
做。线上企业没有流量需要通过线下拉流量，线
下企业没有顾客需要通过线上捞人。面对这样的

冬天，企业该怎么办？

其实，按照调查数据，整个零售行业都在维持着 10% 的增长速度。可按照品类再一看，数据却是下跌的。曾经的"一代鞋王"，市值一度超过 1500 亿港币的百丽国际也于 2017 年 7 月宣布退市。常年高居世界 500 强第一位的沃尔玛，欧洲第一大、世界第二大零售商家乐福，如今也都是风光不再。因为，他们用来占领全世界市场的"生鲜 + 干货 + 房租"的模式，已经在经济寒冬下的新形势中不再辉煌。

从前，沃尔玛这样的巨头在开店时，往往奉行这样一套模式：用生鲜吸引人流，用干货获取利润，用底层的黄金铺位租给肯德基、麦当劳这样的企业赚取房租。可是，随着线上购物覆盖面越来越广，电器、服装乃至于他们赖以维生的干货生鲜都被线上商家覆盖，人流量也被带走；人流下降后，出租的商铺利润下跌，就只能要求沃尔玛等巨头降低房租。人流下降，利润降低，这让他们不得不想办法降低成本，开新店的计划也只能延后——而这就直接导致他们的用户体验进一步下降。

而供应过剩的问题更是加剧了这些购物中心的危机。徐新把他们的模式称为"四菜一汤"模式，即：一个像沃尔玛、家乐福这样的巨头作为核心；一个出售化妆品、服装等产品的百货商店；一个面向孩子的儿童乐园；一个提供 KTV 等娱乐服务的娱乐区域；再加上能保证购物中心周一到周五都有客流的餐厅。从前，餐厅要占去购物中心五分之一的面积，如今要占将近一半——因为需要餐厅来保证客流。可是在一个固定的空间内餐厅多了，竞争也增加了，这就意味着老店的利润还会下降。

徐新也曾关注过在香港上市的一些企业。她发现，虽然市值便宜，市盈率高，但业绩好的企业却很少，大部分企业都处于下跌之中。无论是宝洁、欧莱雅还是娃哈哈、康师傅，股票都在跌。

路边店也处于下跌之中。益丰药房还算是比较好的，因为药品的商业模式太过特殊——买药不能等待快递运输的时间，药品的价格也不低，而人们又有刚性需求。

但除此之外，大部分店面都在跌。在交税之后，净利润一般都是 8%～10%，如果销售业绩降低 20%，就意味着企业的利润马上就会降到 0。再加上员工工资和房租呢？

店面都在亏损，为什么零售业总量却在提升？因为互联网电商。互联网每年成长速度基数已经很大了，还是有 30% 增长；淘宝这么大的体量，MAU（Monthly Active Users，月活跃用户人数）还以 40% 左右的速度增长；京东的 MAU 是 70%～80% 增长，收入涨幅超过 50%；美团外卖 GMV（Gross Merchandise Volume，商品交易总额）2016 年涨了 300%，一天已经做到 600 万单。

对于传统零售业来说，互联网电商的攻势，他们根本就无法抵挡，只能一个品类一个品类地被击破。过去受限于运输、保鲜等技术问题，电商的范围只能限制在服装、3C 等产品；随着物流运输发展越来越快，冷链技术越来越先进，从前商超赖以生存的生鲜产品，也逐渐感受到了电商的压力。而且，在越来越科学的管理下，产品的质量也有了保证，包括食品、个人护理、母婴用品等对质量要求极高的产品，人们也敢在网上购买。

电商巨头的"攻城略地",对于受到市场不景气影响十分严重的传统行业来说,无疑是雪上加霜。到底该怎么在寒冬中活下去?徐新给出了四个办法:

第一,账上的资金要足,要能维持十八个月的运转。之所以是十八个月,是因为企业从找到融资到调整好模式,一般需要十八个月。这就要求企业要找好降低成本、提高效率的办法,裁员也需要严谨地计算。

第二,要调整生意模式。投资回报率,即客户是否会重复购买你的商品,是判断生意模式是否合理的唯一标准。具体来说,老客户重复购买的次数,获取新用户的成本,要在两年之内回本,至多三年。

第三,要有一些融资。在寒冬到来之时,大部分企业都会选择收缩以节省成本。但是,如果能在寒冬中逆势进取,只需要一点点融资,你就能让账上的资金维持更长时间的企业运营;如果融资够多,你甚至可以用广告来吸引流量。实在不行,企业也可以降价,融资金额可以减少,一切只为融到资金。

第四,伟大是熬出来的。在寒冬中,企业陷入困境,员工走了,高管辞职,竞争对手获得融资,企业成长停滞,创始人十分慌乱。其实,没什么可怕的。对于一个企业来说,痛苦是难免的,一年的痛苦对于企业实际只是很短的时间,很多伟大的公司都经历过无数次类似的痛苦。只要熬过去,企业就有希望。

徐新还举了自己的例子:"因为我们是经历过冬天的,所以我们

第八章

面对未来：活下来的创业者都是好样的

不害怕。当时的网易，什么困难没经历过，垃圾股、被调查、被人家停牌、整个高管都走光了，但是丁磊还在，他有洞察力，看到游戏这件事情，然后今天很好；京东也有很困难的阶段，当时融不到钱，见 50 个投资人一个都不给钱，老刘的头发都白了，吓的，不是染的。后来我们给了一点钱，今天活下来，而且活得很好。所以今天不管怎么样，首先是要活下来。"

03.
建立企业的"护城河"

"股神"巴菲特有一个著名的"护城河"理论。在一次采访中,巴菲特这样阐释自己的"护城河"理论:"就投资而言,关键不在于评估一个行业将给社会带来多大影响,也不在于它将取得多大成长,而是在于判定任何特定公司的竞争优势,其中最重要的则是判定那种优势的持续时间。拥有宽广的、可持续的'护城河'的产品或服务才能给投资者带来回报。"

所谓"护城河",就是企业的核心竞争力。

第八章

面对未来：活下来的创业者都是好样的

一个有着核心竞争力的企业，就能保证自己的盈利，就能像"护城河"一样在竞争对手的进攻中维持自己的地位。

"护城河"也有真假之分。有的企业以管理、团队作为核心竞争力，有的则以渠道、供应作为核心竞争力。可是，巴菲特认为，能够长久维持的核心竞争力，才是真正的"护城河"。他强调："一个必须持续重建的护城河最终会不复存在。"而那些随时可能因各种因素而需要重建的核心竞争力，是虚假的"护城河"。

作为巴菲特的忠实信徒，徐新十分推崇"护城河"理论。而对于正处于"寒冬"的中国企业，徐新也为他们找到了"护城河"。

对于零售企业，"护城河"究竟在哪儿？徐新认为，主要是占领心智＋控制渠道＋掌握供应链三点。

亚马逊是所有电商顶礼膜拜的对象，每年都能让自己的市场占有率翻个 3 ～ 4 倍，让世界第一企业沃尔玛不敢开新店。但是，有一家名叫 Costco（好市多）的连锁超市，它的老店同比每年还在涨 5% ～ 7%。为什么？

就是因为它同时做到了占领心智＋控制渠道＋掌握供应链。首先，好市多将属于高频刚需的食品占比大幅提高，达到了 60%。其次，它的产品性价比高，尤其是它独家供应的自有品牌和大包装定制产品，受到了顾客的广泛欢迎。第三，99 美元的会员制，搭配仅会员可以购买的优质商品，而这 99 美元就是它的利润。但即使如此，好市多还是觉得频次不够，因此它又开办了全城最便宜的加油站，让顾客在加油的时候顺便买商品。

而德国的连锁超市阿尔迪，也在欧洲击败了沃尔玛，占据了很大一部分的市场，价格比沃尔玛还便宜 20%。它取得胜利的原因，也是在供应链上下功夫。

贝索斯对于利润不高这件事十分生气，专门开设一个团队研究如何提高利润。后来，亚马逊找到了办法：亚马逊提供收费的会员服务，会员拥有两个优先权，一是 48 小时到货，二是视频可以免费观看。此外，亚马逊每年都会不断推出一些新的模式，而这些模式都是贝索斯亲自带队研究出来的。

对于产品的品牌，徐新也提出：要聚焦在细分市场上，占领用户的品类心智。

其实，冬天并不可怕，有很多企业就是在冬天变得伟大的。因为，在每个人都要收缩的冬天，企业无法依靠资本成长，无法依靠广告成长，只能依靠产品成长。这就意味着，在冬天，企业一定要抓住品类，定好产品的价格，有个好的持续策划；最后，也是最重要的，企业创始人要有工匠精神。

在互联网的时代下，广告的作用也不再明显了。宝洁、欧莱雅、娃哈哈等巨头斥巨资投放广告，效果却不佳。究其原因，还是消费者从看广告选产品的旧思维，变为了看网络评价选产品的新思维。因此，无论公司大小，只要做好产品，品牌就能打响。

对于一个企业，做到什么程度，才能有一点安全感？徐新认为，如果能占领消费者的心智，占据 30% 的市场，比第二名大两倍，那么企业才算安全；如果做不到，企业就会出现存量比增量大的问题，随时有可能被后来者取代。因此，创业者要聚焦细分市场，抓住30%的市场占有率；如果在线上，那么30%都不保险，70%才安全。

那么，如何占领细分市场呢？

如今，中国市场正处于充分的开发中，任何事情都可能有巨头在做，任何市场都可能马上变为"红海"。想要聚焦一个细分市场，在市场内成为龙头，就要做某一个品类的开创者甚至先行者。

对于细分市场的聚焦者，时间就是你的朋友。有了机会，就要舍命狂奔，只有占据了30%的市场，企业才能算得上安全。因此，企业不能太过顾及利润和投资回报，用户才是第一位。互联网时代，用户的成长数量是关键，因为他们能为你降低传播的成本，提高你的口碑。

创新很难，不是人人都能创新；但"微创新"其实并不难。比如手机，在苹果发布 iPhone 前，诺基亚占据了绝大部分的市场。而乔布斯从自己的手出发，想到手机可以使用手指输入，于是发布了 iPhone。

价格战也是一个重要的方面。特别是对于市场的先行者，价格战一定要打，而且要大打，要付出更多时间和钱。不要等对手成长到可以与你分庭抗礼的程度再想办法。

有人说，价格战降低利润。其实并非如此，一个产品不赚钱，别的产品却能获得赚钱的机会。比如沃尔玛，生鲜总是在打折，而利润则依靠干货取得。小米手机很便宜，而利润也是依靠配件获取。

04.
金子般宝贵的"五分钟"

作为一个投资者，一个帮助无数企业做大做强的"风投女王"，徐新最明白融资到底有多大的重要性。因此，她总是对创业者说：一有机会，就要融一点资。特别是在每个行业都不景气的资本寒冬，创业者绝不能因为估值等原因就拒绝融资，能融一点就是一点。

在徐新的"鼓励"下，每天都有无数的人找上门来，带着自己的商业计划、企业介绍等文件，讲述自己的梦想。每天，徐新都要看到无数千奇百怪的想法，无论是手机上、邮件上还是微信等工具，都充斥着无数的信息。

如何判断这些想法该不该投，值不值得投？徐新有她自己的判断。有人豪情冲天地说："你把钱投给我，我保证下一个中国首富就是我！"徐新冷静地回答："你的可信度也太差了。"有人激动万分地叫嚣："你把钱给我，要是公司业绩不能翻倍，我马上跳楼。"徐新微微一笑："我们并不喜欢暴涨，持续成长更重要。"

徐新有很多让她愿意付出大量时间去彻夜长谈的企业家，无论丁磊还是刘强东，都让徐新花费了无数的时间去了解。但是，还有更多的人，他们没能让徐新继续关注下去。因为，徐新只给他们五分钟机会。不能把握，那就请你离开。

资本市场瞬息万变，也许仅仅是几分钟的时间，企业的股票就可能暴涨数倍或一文不值。对于投资者来说，几分钟，就可能是几亿美元的亏损。因此，徐新做事总是雷厉风行："成功的企业都是相似的，失败的企业各有各的原因。面对形形色色的企业，选择是最关键的环节。投资家要有幼仔时能看出其会长成鲨鱼的潜质，沙里淘金，鱼龙明辨！"选择一个值得投资的企业，是一个投资人、一家风投公司能否成功的关键；而做出决定，却是在电光火石间。

常言道，"江山易改本性难移"。一个人的性格和品质，在定型之后基本上就不会产生多大的改变了。性格决定命运，只要看清一个人的性格如何，就可以很快地了解这个人是否能取得成功。

对于风投也是如此。了解了企业家的性格，就能了解这笔投资是否值得。但是，对于徐新这样每天都有无数怀着千奇百怪的想法找上门来的投资者来说，根本就没有那么多的时间可以用来详细了解。风投界的类似说法是，面前的这个创业者怎么样，五分钟就可以判断。徐新十分欣赏这种说法，她自己在判断创业者的时候也是如此，"第一印象很重要"是她的口头禅。这种速战速决的行业作风，和她所倡导的"杀手般的直觉"十分吻合。做出判断，迅速下手，不给对手，甚至不给自己以思考的机会。

有人问徐新："当你发现一个好的项目、一个好的企业、一个好的人选的时候，你去投他。但是由于这样那样，外部内部的原因导致这个企业可能走入困境，而且再输血已经救不活的时候，是不是需要这个'杀手'的冷血让它死去。"

徐新说："我们倒是正好相反，我们基本上就是当时投的时候非常慎重，一旦投了以后如果企业进入经营低谷，都是再加钱。当初我们投永和的时候，并没有投那么多钱，先投六百多万美元，它后来因为开店开错了，钱用光了，十分困难，我们追加到一千多万美元。投的时候我可能很慎重，选这个选那个看半天，可一旦投了，我们就是跟企业家同生死、共存亡。"

所谓"杀手"，既是指五分钟锁定目标，更是指一旦做出决断，就决不回头，同生死、共存亡。这两项要素合起来，才是一个风险投资家所要求的基本素质。这两项要素合起来，才是徐新驰骋风投界，手中诞生众多为人侧目的经典案例的原因。她这样打趣风险投资，尤其是她自己这种坚忍不拔的作风："我觉得我们的企业家跟我们

面对未来：活下来的创业者都是好样的

关系都很好，就是这个原因，最困难的时候总是坚决跟他们站在一起。我说这个投资就像结婚似的，不是谈恋爱，多谈几次大家互相了解，因为我们一投也是 5～10 年，蛮长的。现在不是有报道说欧洲结婚的平均时间就七年，我们跟结婚也差不多了，所以互相了解是挺重要的。"

风险投资不是投机，这已经是常识。但操作过程中，能做出和企业一起成长，帮助企业家锻炼的投资行为，还是难能可贵。帮人就是帮自己，这句话放在风险投资家和企业家之间的关系上再恰当不过。"选对人、给足钱、缓收益，这是我成功的最大秘诀。无论是丁磊还是张杰贤，都是一个团队的代表，选择了正确的团队领导者，可以说就是完成了 80% 的工作。选择团队，你首先要知道谁是最重要的人。要打动我，就要在五分钟以内说服我——凭什么要把钱投给你。"

资金不断输入到选定的企业，说明徐新十分认同这个企业的发展理念，看好它的盈利模式，所以选择时间只有五分钟，只能说徐新选人真有一套，并不代表仓促上阵："第一，看创业者有没有对生意的直觉。比如丁磊，他之所以能第一个进入短信业务，第一个涉足网络游戏，就是因为他能在别人看不到的地方发现商机，别人放弃的地方他坚持直到胜利。第二看业绩，我一般只投行业前五名，在中国，竞争这么激烈，能做到行业前五名，肯定有独到之处。这可以从对关键问题的回答上看出来，问一些问题，比如：'你做过什么重大决策？''你怎么做决定？'第三，看带的队伍，创业者会不会管人。很多公司规模超过 100 人，管理就开始混乱，创业者反倒成了瓶颈。这一点可以从考察他的副手发现，如果副手能力很强，而且是多年搭档，那么这个人的领导能力一定不会错。第四，激情不能少，这是每个成功企业家的必备素质，要永不言弃。"

投资者的五分钟，是眼光发挥威力的五分钟，是他们自身经验发挥作用的五分钟，只要创业者在最短时间充分展示出自己的风采，这就是转变命运的五分钟。

投资者只有五分钟，用来判断一个企业是否有潜质。在这黄金五分钟当中，创业者团队该怎么做？

徐新心直口快，一下子都倒了出来："在不同阶段，投资主题是不一样的。第一是个人的钱，第二是天使投资人，第三是风险投资，第四是战略投资，最后可能就是上市。每个创业者都知道找钱是很辛苦的，所以要多谈几家。如果有朋友介绍认识一下直接能跟决策者说了算的是最好的。另外要学会认识第三方，不要心疼那点钱，比如说中间商、财务顾问、律师、会计师。很多人说我要去融资，做财务报表花那个钱很心疼，但是如果你花钱请会计师帮你做财务报表，公司的规模一下就起来了，请普华永道咨询业务公司做一篇财务报告，这篇财务报告就可以把你的独立性、你的标准化一下子体现出来。这可能要花 30 万元人民币，但是这个就给了你很多的分量，我们的进展也会快很多，如果你能花得起的话，就请财务顾问帮你搞。

"还有执行能力。我们搞了一个 PK 的演示，我把题目改了，问三个问题。第一个问题是你的生意模式是什么，第二个问题是你为什么选择创业而不去打工，第三个问题是为什么要投你。结果大家都把时间围绕在我的生意模式是什么，基本上全部浪费掉了。我觉得你应该先讲清楚你要干什么，然后把你独特的地方说出来，为什么要投你。当然这需要事先做很多准备。

"创业者只有短短的五分钟，在这五分钟内要紧紧围绕自己的演讲好好准备。有的人一上来就紧扣住第一个问题不放，大讲市场有多大，不仅把对投资者起决定作用的五分钟花光，还很可能会把一个半小时的演讲用掉一半的时间来大谈特谈。这实际上都是浪费，因为这个市场有多大是投资者已经明白的，市场不大他们就不会有投资的意向，更不会给创业者这个机会见面。关键的环节是在这个巨大的市场中，作为进入者的你为什么能做得好，在其中扮演一个什么角色。在整个价值链上的激烈竞争中，与那些主要的对手相比，你到底在哪一步占优，你的价值怎样得到体现。团队、销售渠道、客户、品牌、促销手段、成长动力、企业文化和企业管理制度，林林总总都要点到，但又得很简短。

"创业者展示自我的演讲有很多的技巧，都要在短短的五分钟内展现出来。这是一个群体秀，要打组合拳。什么话该讲，什么话不该讲，怎样表现一种团队精神，都需要在下面反复演练，几个人才能形成一个演讲的整体，不至于支离破碎。在这种群体秀当中，最忌讳的就是来的是几个人，讲话的只是一个人，从头到尾都没听到其他人的声音。这时候，投资者就会内心犯嘀咕，其他人到底是因为水平太差，对自己的业务不够熟悉不敢开口呢？还是并不认可老板的理念，整个团队貌合神离呢？"

　　所以说项目给力也好，团队风采也好，第一印象如何，五分钟足矣。

05.
85 后与 90 后是重点

世界在不断地变化，特别是在互联网时代，世界变化得非常迅速，过去的成功经验，可能只需要几年时间就会变得不管用。而想要追上这个变化，就要拥抱互联网，抓住时代的特点。

互联网带来了什么变化?

第一，85 后乃至 90 后成了主要用户群。85 后和 90 后有一个特点，大多数是家里的独生子女，小的时候没有兄弟姐妹跟他们一起玩，更多的时间在网上玩，互联网就是他们的兄弟姐妹。

每天，他们都要花 5 ~ 6 个小时在网上，购物也在网上进行。

他们的购物也很有特点：要求的东西不同，广告只能打响产品的知名度，是否购买还是要看产品的评价。对于传统产业来说，如果产品不在网上投放，这部分用户就不会关注，那么企业自然也就不会成长。

他们喜欢与众不同，喜欢自黑自荐。对于他们来说，魅力很重要，如果培养出品牌的粉丝，那么销量就会提升。比如，一个化妆品企业只要有一个有影响力的人宣传，销量就会大幅提升。

徐新举了一个矿泉水的例子："比如说康师傅和农夫山泉，康师傅的业绩是下降的，它消费没有升级，这么多年一直在成本上下功夫，把瓶装水弄得特别薄，特别便宜，现在不行，消费者要好东西，以前天天做地推，不成长了。农夫山泉抓住了消费者的需求，广告做得非常好，'农夫山泉有点甜，我们不做矿泉水，我们做大自然的搬运工'，很有情怀。你不抓住升级，不推出好的东西，消费者很快就会把你抛弃掉。"

第二，用户的习惯在变。PC 时代，买东西要靠关键词检索；如今，手机大行其道，人们可以通过手机随时浏览各式各样的产品。时间、空间、场景都在碎片化。从前，互联网公司要打很多的广告才能吸引来一部分粉丝；如今，移动互联网企业只要有一百万粉丝，就能维持高利润。

第三，渠道在变。中国社会零售的销售成长每年是 3% ~ 14%，但后面的渠道却完全不同。百货商店越来越艰难，沃尔玛等巨头越来越艰难，互联网抢走了很大一部分空间。受此影响，肯德基和麦当劳的利润也下降了。

第四，团队也在变。如今的团队很难管，员工关注的重点是个人的绽放，钱只是第二位。徐新投资了一家名叫良品铺子的企业："员工特别有激情，我说持续的激情才等于利润，激情是不持续的，你们四年都打鸡血，他们做了一个我的青春我做主，搞了一个岗位责任制，当一个店长要竞争的。第二个戴大红花，先签字，宣誓，你真的是绽放了一把。"

85后和90后还有一个喜欢晒单的习惯，而这对于企业来说，可谓是"零成本"的传播。广告有作用，但方式要合适。文字打动不了他们，图片却可以，如果有视频那更好了。

06.
企业如何做大

　　京东为何能成功？为何能做大到今天的地步？徐新认为，就在于扩品类。"老刘（刘强东）最牛的事是做对了两件事，第一迅速扩展品类，这个事情你说在他之前当当跟卓越也做，卖书卖音像产品，但是扩品类是老刘第一个做的；还有一个老刘是第一个自建仓储物流配送的，当时我们竞争对手说我们不做重资产，搬东西的事情我们不做，但是老刘先看到了，很简单，其实就是消费者的需求，75%客户投诉来自一件事，就是

面对未来：活下来的创业者都是好样的

对物流意见很大，送货的速度、送货的包装各种体验很差，所以老刘决定坚持要建仓储物流，这要烧很多钱的。但这两件事情决定了今天京东的江湖地位。"

作为企业的创始人，最重要的是眼光，要看到别人看不到的东西。徐新曾研究过美国 20 世纪 20 年代时 25 个品类的第一名，结果发现 60 年后，他们基本还是第一。为什么能成为第一？因为他们占据了消费者的心智，有着又高又深的"护城河"。

比如网易，一上市就遇到了互联网寒冬，整日在各种调查间谋求生存，团队成员也纷纷离开。但是，丁磊在这样的情况下还是决定做网络游戏。当时，网易召开内部董事会，很多股东要求卖掉游戏业务，但徐新反对。徐新说："我们都在低谷，在低谷的好处就是不可能更坏了，以后就在通往天堂的路上。丁磊这个人他有杀手的知觉，他能看到别人没有看到的东西。"最终，丁磊成功走出了危机，并成为中国的首富。

中国和美国的投资有很大的区别。在美国，如果投不到第一，那不如不投。但在中国，1 到 20 名都能拿到钱，拿到钱的企业也许不一定能提高名次，却能让当时的第一的市场被分散。团购行业经过轮番混战，最后只剩下美团和大众点评。电商行业，只剩下京东、阿里等寥寥数家。

对于创业者，首要任务就是找到自己的"撒手锏"，做到"一招鲜吃遍天"。京东好在哪儿？送货快。什么品类最好？ 3C。京东要做的，就是把优势发挥到极致，这样总有很多的顾客会来。

创业者总是抱怨自己"忙"。可是，忙是一回事，忙的有没有效果是另外一回事。比如腾讯，马化腾十分讲究放权，但产品体验的问题他一定要亲自过问。作为首席体验官，马化腾每天上网七八个小时都在体验产品。一个产品交给马化腾，他就能提出 120 个细节建议。而且，腾讯管理的扁平化做得也很好，产品经理加事业部的投资直接就能找到马化腾，不需要太多的程序。产品是公司的命运，如果每一层汇报都打折扣，或者下面人不能直接推动这个事情，产品就不可能做好。

再比如三只松鼠，老板每天早上起来就看两件事，一个是用户评价，一个是销量排名，他的工作很轻松，三年时间做到今年 25 个亿了，人家都累趴下了，他还很潇洒的，因为他抓住了关键的事情。

创业者要注重员工的激情。如何才能激发员工的激情呢？价值观正确、业绩又好的员工是明星，这样的人值得企业给高薪，因为他们能带来业绩；业绩、价值观不好的人辞掉；还有业绩很好贡献 20% ~ 30% 的销售收入，但是他吃回扣、拉帮结派，这种人要高调地将他辞掉，最好中午吃饭的时候当着所有员工的面把他带走。对于企业来说，违背基本道德准则的员工，绝不能留；如果违背法律，直接联系司法机关，绝不留情。

其实，对于创业者来说，事情没有那么可怕。创业失败意味着什么？不过是再去打工而已。要敢于创新，敢于做第一个吃螃蟹的人，做品类的开创者。

你该如何成功

　　从离开南京大学，到入职普华永道，再到霸菱投资，再到今日资本的"风投女王"……徐新已经从当初的小镇"野孩子"成长为如今的"风投女杀手"，同时也是两个孩子的母亲。

　　作为"女王"，徐新可谓是"战绩彪炳"。从百富勤开始，徐新已经投了几十家企业，而在娃哈哈、网易、中华英才网、京东等巨头的成功中，徐新已经获得了数额惊人的利润。相信有很多人要问，徐新为什么能如此成功？

早在 2014 年，徐新就为南京大学的学弟学妹们带来了三点答案：

"第一，你要有 Passion to win。你要有激情、你要想赢。你要找到一份你喜欢的工作、你热爱的工作。人的一生很漫长，工作时间也很长，如果每天早晨爬起来，都不想去工作的话，那你一定过得不开心，那么你就该去寻找一份能让你喜欢的工作。有的同学说我也不知道我喜欢的工作是什么，那你就应该 keep looking，继续寻找，你的灵感可以来自大量的阅读，特别是人物传记；结交聪明的人，有阅历的人，经常与他们聊天；你也可以大胆尝试不同的东西，看你是否喜欢。总之，只要你每天都在学习，每天都在进步，相信有一天量变到质变，你就会心中一亮，找到感觉，那就是你热爱的工作。

"第二，你要 focus，你要聚焦，要积累一万个小时。人的智商差别不是很大的，超人的智慧和成就来自专注。每个成功人士都是在他的行业专注地干了很多年，积累了一万个小时。一万个小时什么概念呢？那就是，每天坚持做一件事，每天 4 小时，一星期 5 天，坚持 10 年就是一万个小时。我每天大概工作 14 个小时，做了 20 年，已经积累了三万个小时。如果说我的投资有些小小成就的话，那是因为我积累了三万个小时，我想我可以干到 80 岁，还可以再来三万个小时！比尔·盖茨和巴菲特是好朋友，有一次比尔·盖茨的父亲让他们俩用一个关键词来描述他们成功的最主要的原因，打开他们俩的纸条，上面写着是同一个词：focus —— 那就是专注！

"第三，你最好能找到人生的榜样——role model。我的榜样就是巴菲特，巴菲特的书和他写给股东的信是我每天必看的。读他的书，就像跟老朋友聊天一样，英雄所见略同。巴菲特每天阅读5小时，跟聪明人谈话2小时，84岁的巴菲特每天都在工作，他和他投资的创业者变成终身的朋友，他很享受他的工作，每天过得很开心，这就是我想要的生活。榜样的力量是巨大的，他让你看清前方的路，让你不再害怕孤独，让你心无旁骛，让你每天都在进步。

"记得在南京大学读书的时候，有一位很酷的黑人女老师，她是教我们黑人文学的老师，她叫Donald。她第一天走进我们的教室，就在黑板上写了几句话，那是我从来没听过的话，也是至今对我震撼最大的一番话。今天，我也想把她说过的话送给你们：'You are unique. You are a marvel. In the past five hundred years, there has been no person like you; And in the next five hundred years, there will be no person like you.'你是独一无二的，你是生命的奇迹，在过去的500年里，从来没有一个人像你一样，在未来的500年里，也没有一个人像你一样！"

很多认识徐新的人，都认为她是一个"工作狂"。的确，几乎每周都要乘坐国际航班往返于世界各国，当"空中飞人"的徐新，曾经创造过一天之内跑三个国家的纪录，一下飞机就要参加演讲和答辩。这样的工作强度，也让徐新有些吃不消。

也正是因为她的高强度工作和她"杀手"式的投资方式，总是有人误解她，以为她是一个待人冷淡的"冰山美人"。其实，徐新除了

后 记
你该如何成功

喜欢聊企业管理外，也喜欢一些普普通通的"小女人"的共同爱好：星座、育儿、家庭……

一个成功的企业家，如何安排工作与生活？有的人能区分工作与生活，让工作和生活都变得井井有条，不需要宵衣旰食，也能带领企业做大做强；有的人则是工作生活混在一起，加班甚至睡办公室都是家常便饭，家人几个月不见一面，根本无法分清自己是在生活中工作，还是在工作中生活。

虽然工作繁忙，经常出差，但徐新总是能安排出周末的时间，与丈夫和孩子一起享受家庭的温馨。晨起，坐在家里的阳台上沐浴阳光，阅读书籍。下午，带着两个儿子去公园嬉戏。晚饭后，约上几个朋友、同行，大聊育儿经。当然，她也不会忘记在重要的节日里，为亲人送上最真挚的祝福。

于普通人，这样的日子很常见；但相对于她的企业家朋友们，这样的日子却是极为珍贵的。

徐新也有很多"全职太太"朋友，她们过着衣食无忧的生活，每天只需带带孩子，做做饭，就可以三五成群地出去"血拼"。其实，徐新也可以选择过这样的生活，毕竟她的丈夫也是一位事业有成的创业者；而她的几项投资也能保证她坐在家中就可日进斗金。但是，徐新还是选择挑战人生的另一面。

有人笑称，徐新的"女性"标签也许帮了她。对此，徐新认为："这个行业是非常公平的，业绩是首要的衡量标准，不管你的性别或者经验背景怎么样。"风投行业的女性可谓稀少，像徐新一样的成功者更是少之又少；而且，徐新做得比很多男人还要好。对于徐新来说，"女性"标签其实并没有产生什么影响，而女性天生敏锐的直觉更是能让她攀登上事业的高峰。

徐新还认为："我们这个行业女性比较少，可能是因为工作辛苦，需要来回奔波看项目往往就没法顾得上家庭生活。"的确，有很多曾经取得了成果的女性，在事业辉煌之时忽然选择急流勇退，将企业交给家人或托付给职业经理人，自己则回归家庭，走上相夫教子的传统道路。毕竟，她们不仅是企业家，更是母亲和妻子；如果家庭与事业取得不了平衡，必须割舍一样的话，她们往往会选择放弃事业。

徐新又为什么能从中取得平衡呢？

徐新认为，带领一个企业做大做强，其实和教育孩子很相似。一旦决定用心培养，就会用心照料，而不是急功近利，揠苗助长。"企业开董事会会议的时候，其他的董事可能都会要求企业快跑快跑。但我对他们说，速度太快了，要慢一点，打好基础才是第一步。很多时候看到一个企业慢慢成长起来，真的很开心。有时候即便是失败了，也会觉得这是成长必须付出的代价。"

徐新曾经表示过，自己能有今天的成功，离不开父母、丈夫和全家人的支持。在他们的支持下，家庭与事业，在徐新这里根本就不是什么不可调和的矛盾。虽然徐新也面临过没时间陪孩子的困境，她自己也开玩笑说儿子们的性格越来越不像她，自己反而更像整天陪伴儿子们的保姆。但徐新依然承诺，每周末花一天的时间陪儿子们一起度过。她是这样说的，也是这样努力兑现的。

　　素来努力而要强的徐新，肯定不会放任这样的情况不管。她不断从朋友那里"取经"，学习如何用有限的时间培养自己的孩子。现在只要她的孩子们过生日，或开学第一天到学校报到 —— 孩子成长道路上这些关键的时间点，她说什么也不会错过，一定要陪伴并见证孩子们的每一步成长。事实证明，这招果然有奇效。用徐新自己的话说是："现在孩子最亲近的人还是我。"

　　如今，徐新已经完美地平衡了事业和家庭。在商业世界，她是"资本女王"；在家中，她是丈夫、孩子和亲人的"可爱女人"。对于徐新来说，金钱，又能算什么！

编　委　会

（排名不分先后，以下人员均为博文书友会社群合伙人）

北京超然之家家具建材有限公司董事长、脑立方北京海淀分中心总经理　陈超再

北京龙方圆文化发展有限公司董事长、北京大学总裁培训班国学项目负责人焦宏亮

广州奔兆生物科技有限公司执行董事、仁和小绿瓶总裁　倪晓丽

中国天津尚赫保健用品有限公司（北京分公司）总经理　易　滢

博文社群裂变合伙人　刘　凡

山西海沙企业管理咨询有限公司总经理　高文汇

沈阳中街国珍健康生活馆馆长　史学军

紫禁城医药集团　赵光耀

北师大二附中国际部　杜丽华

北京益言文化传媒有限公司总经理　杜仲钰

博文社群裂变合伙人　于淑伟

159素食全餐代理商　孙　霞

北京耐威联合文化发展有限公司总经理　陈　瑜

瑞美国际医疗美容总经理　张熙桐

长春市宝图腾自控系统有限公司经理　李天春

博文社群裂变合伙人　王文芳

鹰眼创世北京网络科技有限公司发起人　王　淼

吉林省长源木业有限公司总经理、鸿顺建筑租赁公司总经理、长春市万汇实业有限公司总经理　王文春

康乐多幼儿园园长、威希科美高科技美容体验馆盘锦发起人、康乐多卓越父母家长学校校长　杨文霞

中信建投证券股份有限公司北京虎坊路证券营业部经理　刘洁华

吉林省恩祺商贸有限公司总经理　张凯祺

中国小飞机俱乐部　陈思宇

北京林楠投资有限公司投融部经理　涂祖胜

牛氏九易公司文艺部长　耿丞焆琳

北京易宏置地房地产经纪有限公司　向　来

北京华融盛贸国际科技有限公司创始股东 CEO　郝　月

姆米又国际控股集团联合创始人、北京盛仁蓬勃公共关系有限公司总经理、企业绩效管理高级培训师、多家美妆企业联席顾问、国际美博会特邀嘉宾、彩妆代言人　桓慧芳

中国古诗词文化传承者、创新者，中国书画艺术爱好者、资深经纪人，古根博格家族核心成员，北京古根王酒业有限公司股东　明易桉橄

人类少食健康工程"发起人""123 生命工程"俱乐部创始人，北京大管家健康科技发展有限公司创办人　盛紫玫

金融理财师、家庭教育指导师、国家二级心理咨询师、皮纹分析咨询师、北京鼎硕炜业投资管理有限公司高级投资理财顾问、北京天下安道教育科技有限公司副总经理　钟永恒

北京福玺缘珠宝文化发展有限公司　伍兴隆

北京喜帮科技总经理　刘泊霆

幸福女人健康咨询管理有限公司　王海樾

北京杨格智控科技有限公司　关清礼

灵触疗愈师　张智莉

北京世纪飞扬教育咨询中心有限公司　胡海艳

北京助众传媒文化发展有限公司　柯建梅，字钰均

北京星星世家商贸有限公司　陈红炜

北京世纪海棠科贸有限公司　刘　莎

博文社群裂变合伙人　王淑秀

中视广经　潘　辉

第一夫人世交平台创始人　白　杨

心灵成长导师　李　刚

茉莉咖啡总经理　尹利萍

金桥国际合伙人、资本顾问、博文社群裂变合伙人　金　婷